现代档案管理工作优化策略研究

董海岩　王　青　张璐芳　马　丽◎著

文化发展出版社
Cultural Development Press
·北京·

图书在版编目（CIP）数据

现代档案管理工作优化策略研究 / 董海岩，王青，张璐芳著．— 北京 ：文化发展出版社，2024.5

ISBN 978-7-5142-4346-8

Ⅰ．①现… Ⅱ．①董… ②王… ③张… Ⅲ．①档案管理－研究 Ⅳ．① G271

中国国家版本馆 CIP 数据核字 (2024) 第 098277 号

现代档案管理工作优化策略研究

董海岩　王　青　张璐芳　马　丽　著

出 版 人：宋　娜

责任编辑：袁兆英　　　　责任校对：侯　娜

责任印制：杨　骏　　　　封面设计：张秋艳

出版发行：文化发展出版社（北京市翠微路 2 号　邮编：100036）

网　　址：www.wenhuafazhan.com

经　　销：全国新华书店

印　　刷：天津和萱印刷有限公司

开　　本：710mm × 1000mm　1/16

字　　数：220 千字

印　　张：10.5

版　　次：2025 年 1 月第 1 版

印　　次：2025 年 1 月第 1 次印刷

定　　价：72.00 元

I S B N：978-7-5142-4346-8

◆ 如有印装质量问题，请电话联系：010-58484999

前　言

档案记录了各历史时期所发生的政治、军事、科学、经济、自然等方面的事件和信息，是珍贵的资源。现代档案管理遵循现代管理科学原则，运用先进的管理手段、工具和科技设备，对传统档案管理模式进行优化，积极采纳领先的管理技术和设备，提升档案管理水平，增强员工角色，充分激发档案管理人员的主观能动性、积极性和创造性，逐步实现档案工作定量化、信息化和智能化，以达成最优的档案管理目标。

随着市场经济改革的深入推进，企业和事业单位内部的档案管理工作都得到了相应的改进。良好的档案管理可以有效提高工作效率，推动单位健康发展。此外，通过对内部档案数据的探究，我们还能了解单位的发展规模、历史变革和文化遗产等，进而规划未来发展方向。在信息和网络技术盛行的时代，将档案信息化建设落实到实践当中，能够使档案管理工作更加高效、顺畅地进行。随着信息技术在档案管理工作中的不断渗透，档案管理工作的优化迎来了新的发展机遇，利用信息技术和大数据技术对档案管理工作进行优化成了档案管理工作发展的主要方向。

本书共 5 章，约 22 万字，第一章、第二章、第三章第一节和第二节共 8 万字，由董海岩撰写，第四章 6 万字由王青撰写，第五章 6 万字由张璐芳撰写，第三章第三节 2 万字由马丽撰写。第一章为档案管理工作概述，分别介绍了档案、档案管理、档案管理的制度与规范、档案管理工作现状四个方面的内容；第二章为档案管理的基础工作，主要介绍了四个方面的内容，依次是档案收集、档案整理、档案鉴定与保管、档案检索与统计；第三章为档案管理现代化，分别介绍了三个方面的内容，依次是档案管理现代化概述、档案工作标准化与技术现代化、档案管理现代化的基础；第四章为信息时代档案管理工作的优化，依次介绍了信息时代档案管理工作的机遇与挑战、信息技术在现代档案管理工作中的应用、信息技术应用背景下现代档案管理工作的优化路径三个方面的内容；第五章为大数据时代档案管理工作的优化，主要介绍了三个方面的内容，分别是大数据时代档案管理体系的变化、大数据环境下档案信息资源的开发与利用、大数据支撑下的智慧档案馆建设。

在撰写本书的过程中，作者参考了大量的学术文献，得到了许多专家学者的帮助，在此表示真诚感谢。本书内容系统全面，论述条理清晰、深入浅出，但由于作者水平有限，书中难免有疏漏之处，希望广大同行及时指正。

董海岩

2023 年 7 月

目 录

第一章　档案管理工作概述

本章主要介绍档案管理工作，是对档案管理工作的相关概念、制度规范和发展现状的综述，主要从四个方面进行了阐述，分别是档案、档案管理、档案管理的制度与规范、档案管理工作现状。

第一节　档案

一、档案的起源

档案起源的研究是复杂的，其基本点是社会需要与技术条件。社会需要与社会发展水平有关，当三次社会分工完成以后，人类的经验积累和社会管理都需要书面材料的帮助。于是，书面记录的社会需要产生了，而记录工具的发明就成了不可缺少的技术条件。

档案的出现产生了人类最早的书面材料，开启了人类的文明时代。由于学者认识角度的不同，对档案起源问题产生就有不同的观点。基本观点主要有阶段论和过程论两种。

在讨论档案起源问题的早期，人们多持阶段论的观点，即将档案的起源确定在人类社会发展的某一阶段——原始社会晚期（“原始社会说”）或国家产生之后（“阶级社会说”）。过程论的观点认为，档案的起源是一个发生、发展、成熟的渐进过程。此外，还有文化宗教起源说、文字起源说、档案起源过程说等理论。

（一）原始社会说

这种观点认为，档案是利用原始记事手段所记录的，包括刻契、图画等。

（二）阶级社会说

这种看法认为，档案的出现与社会阶级的划分、文字的使用、国家的形成紧密相关。此前，刻契、图画等方式虽然也有记录信息的功能，但在阶级社会形成之前，它们的记录对象较为简单，缺乏一定的复杂归档管理体系。

（三）文化宗教起源说

这种观点认为，刻符、绘画、文字和档案的萌芽、起源与产生是巫文化的结果。

（四）文字起源说

这种观点认为，文字和国家的出现是档案产生不可缺少的条件，甚至是必要条件。随着社会阶层的划分和国家的建立，为了有效地管理大规模的生产，以及促进国际的交流，人们需要以文字记录为管理和沟通的工具，从而推动了文件和档案的诞生。

（五）档案起源过程说

其基本观点是档案起源是一个过程。不同的人可能会有不同的看法，但这并不意味着他们的观点是完全矛盾的，实际上，这些不同的观点只是因为他们从不同的角度看待问题，根据不同的标准来作出判断。因此，不同的人对于档案起源时期的看法有所差异。如果将所有不同观点中提到的“阶段点”依次连起来，就会形成一条线，构成一个完整的进程。这个过程中的每一个重要的时间点，如原始符号的产生、国家与文字的产生、正式管理的出现等都具有特殊的意义，而这些特殊意义的集合可以完整地说明档案起源的问题。

所以，说明档案起源问题，其实质是说明各个“阶段点”在整个档案起源过程中的意义。

二、档案的属性

属性是指事物所具备的一种固有品质，是不可分割的基本特征，可以肯定的是，某些事物具有多种属性，这些属性有着不同的本质，分为本质属性和一般属性。

（一）档案的本质属性

档案的本质属性是由其形成过程决定的。从上文对符号记录、文件、档案形成过程的论述中可以得出结论：档案具有原始记录的本质属性。具体表现如下。

第一，根据档案的自然形成规律可以认为档案中的原始符号记录是由人类的实践活动直接衍生而来的。换句话说，就是特定的人在特定的时间和地点进行某项活动，为了记录或表示这个活动，创造了相关的符号进行记录。这个记录与相应的人类活动密切相关。

第二，在从实体到实物的过程中，原始记录依次转化为文件、档案，成为人们处理某种事务、开展某种工作、进行某种活动的凭据和参考工具。

第三，从文件和档案的形式与内容看，文档在形式和内容上往往保留着原始标记，如签名、批示、印章等。

第四，文书人员、档案人员在对文书、档案进行加工时，以保持内容原始性为原则，并通过确定文号、密级、发放范围、编制档号、鉴定等手段，从管理角度确认、固定内容的原始性。同时，他们负有保管文档，使其不被修饰、涂改、删除等职责，以保持其原始性。

在数字时代，数字档案的原始性仍然没有改变。从社会功能角度看，数字档案的原始性与社会实践的直接关系并没有发生改变；从形式和内容角度看，真正的数字档案管理系统都以保证数字档案的原始性为设计前提。从某种意义上讲，数字档案管理系统比人更严格地执行着工作程序，这更有利于保持档案的原始性。

（二）档案的一般属性

除了作为原始记录之外，档案也被视为一种书面文献和信息资料，且还拥有其他的属性。

1. 信息性

档案是信息大家族中的一员，它是通过书面符号来记录信息的一种方式。

第一，档案是不同于内储信息、自然信息的外化信息。

内储信息是指在人脑信息库中进行过加工处理，但未被外部记录或表达的那一部分信息。自然信息是指那些未被人类主动干预和记录下来的，而是在自然界中自发生成的信息。自然信息可以被划分为狭义和广义两种定义。在狭义的定义中，自然指的是与人类社会分离的物质世界，也就是自然界，这里的自然信息是特指自然界所包含的信息，而非其他来源的信息；在广义的定义中，它指的是所有具有无数种不同特点的事物，与宇宙、物质、存在、客观实际等概念可以互换使用。可以将内储信息和自然信息描述为意识信息和非意识信息。

档案信息是一种外化信息，其信息外化是通过符号记录实现的。因此，它不同于内储信息、自然信息。

第二，档案是一种记录信息的载体，能够将信息分为记录信息和未记录信息。

记录信息是通过书籍、纸张、磁带或石碑等形式记录下来的信息，它们被固化下来后具有持续性、传承性和共享性。未记录的信息是指实际存在或曾经存在但尚未以任何形式记录下来的信息，未记录信息包括人类言行举止、瞬间闪现的想法、个体记忆及已灭绝生物的信息等，具有广泛性和大量性。很显然，档案是一种记录信息的方式，具有原始性。

第三，档案是通过书面符号记录信息的一种形式。记录信息可以按照记录的形式分类，分为书面符号记录和实物符号记录。

书面符号包括文字和设计图等书写符号，以及照片、音频和视频等机器记录符号，简而言之，它们是信息和承载信息物体的组合体。但是，这种符号系统并不涵盖未被计算机记录的身体语言、实物符号（如文物）和口头语言等。可以说，通过用照相机捕捉某古陶器的图像，该物品的信息记录方式是机器记录符号，而该物品本身则是以实物的形式记录下来。

以实物为载体的信息记载方法被称为实物记录。实物记录是一种通过实实在在的物品来记录历史、文化、社会、技术等方面的信息的方法，如货币、衣物、工具等都可以成为实物记录的对象。需要特别指出的是，有些物品包含物质部分和符号部分，若物质部分是该物品所记录信息的核心，则应将其归类到实物记录中。若该实物中的信息主要以符号的形式表现，则可将其归属到符号记录部分，如古代钟鼎这种物品，它同时具有实物记录和符号记录两个方面。但是，如果它的实物部分占主导地位，那它就是一个实物记录。

在记录设备（如相机、录像机、录音机等）出现之前，人类已经创造和运用了通用的书写符号来进行文字记录。随着记录设备的发明，人们能够将之前无法记录的肢体语言、实物符号等转化为书面符号记录。

第四，档案是最早记录信息的书面形式，也就是信息记录的最初阶段。原始记录和整合记录是根据记录方式划分的两种类型。其中，原始记录是指记录数据或信息的初始状态，记录方式通常以符号或实物形式表现，如手写原稿、实验记录，以及其他人类活动的直接记录等。而整合记录则是将多个原始记录进行归纳、整合后得出的记录形式，如图书、图册等。

第五，档案是记录信息的纸质文件，在存档后保留其原始状态。文献记录可以被分为两种形式——现行文件及档案。我们可以将文件理解为“现在进行时”的原始性书面符号记录，即它作为相关人类活动的组成部分处于正在执行现行职能的状态，在这种状态结束后，其价值较高的部分需另行保存，以便长久查考、利用，这就形成了档案。

2. 文化性

确定文化的定义是相当具有挑战性的，这是因为它涉及的观念是非常综合和广泛的。许多哲学家、社会学家、人类学家、历史学家及语言学家一直在尝试从各自领域的角度去定义文化。总体而言，文化被认为是一种社会现象，是人们长久以来创造和发展的成果。此外，文化还是社会历史演变的产物。具体而言，文化是描述一个国家或民族的背景、地域、习俗、社会规范、文学形式等方面的概括性词汇。

根据以上的文化定义，显然，档案的文化性主要从以下几方面来体现。

第一，档案本身就是文化发展的产物。人类不是从诞生开始就具有档案这种事物，而是在产生了记录工具——书面符号后档案才产生的。书面符号本身就具有强烈的文化属性。

第二，档案也是一种历史现象，是人类历史的沉淀物。

第三，在档案中，汇集了丰富的文化信息，包括一个国家或民族的文学艺术作品、行为准则等。

1996年，时任国际档案理事会主席的让·皮埃尔·瓦洛（Jean Pierre Vallo）在第十三届国际档案大会开幕式的致词中把档案称为“人类记忆、文化和文明的金子”[①]。在历史和文化传承的漫长过程中，一些珍贵的文献资料在不同国家、不同时期中连接了过去与现在。

三、档案的价值与基本作用

（一）档案的价值

1. 档案的根本价值

（1）档案根本价值的内涵

根本价值这个词所指的是一个事物的核心和原则。档案的根本价值是指那些具有深层次和本质意义的档案价值。就抽象程度来说，根本价值就是最高程度的抽象，它没有被归为上位类别，但可以被拆分成多个子类别；就其覆盖的现实领域而言，它包括事物的整体（全部）；就其地位而言，它是至关重要且独一无二的。换句话说，档案的根本价值贯穿始终，包罗万象，可决定档案的存在、发展、演化，并且具有独特性，能够总结所有档案的价值现象。

① 丁海斌，方鸣，陈永生．档案学概论[M]．沈阳：辽宁大学出版社，2012．

美国档案学家谢伦伯格（Schellenberg）在谈到档案在政府公务活动中的作用时，认为档案是一种经验，并具有基础性的地位。他指出："它体现着大量的政府公务经验，政府需要借助这种经验，使自己的各种行动具有连续性和一贯性，需要借鉴这些经验去制定政策，处理社会、经济及组织、程序等方面的问题。总之，它是政府赖以建立的基础。"①

（2）档案根本价值的来源

人类实现自我成长、进步和发展的基础元素是价值，它包含了不同的形式，无论是物质还是非物质的，简单来说，价值是指事物所能提供的益处。德国哲学家李凯尔特（Heinrich Rickert）在其《文化科学和自然科学》一书中指出："但是，价值是与现实联系着的，而我们在此以前已知道其中的两种联系。首先，价值能够附着于对象之上，并由此使对象变为财富；其次，价值能够与主体的活动相联系，并由此使主体的活动变成评价。"②

人类创造的有意义的物质形式之一便是档案。它能够帮助人们处理问题，并以此为基础促进个人发展。那么，档案是通过哪些过程和方法被建立起来的，人们为何要保留它，它在人类社会中扮演着什么样的角色，什么是它生存的基础，这些问题的答案都归结于两个相互关联的问题——档案的本质属性和档案的根本价值。档案的本质属性是原始记录性，这在它的形成、形式和目的中都有所体现。原始记录性决定了档案最根本的价值，即它所记录的是真实性经验事实。

档案的价值在于它记录了人类活动，代表着留存下来的历史。简而言之，档案的价值取决于其最本质的属性——成为原始记录的能力。本质特性直接决定了根本价值。作为人类活动历史的原始记录，档案的价值在于其能够追溯过去事件对人们具有的重要意义和价值。经验价值是指通过追溯和了解物品或事物背后的历史和故事，从而赋予其独特的价值和意义。因此，档案的价值在于其中所包含的真实经验和事实，这符合前面提到的根本价值的内涵。

2. 档案价值的高低

德国哲学家舍勒（Scheler）提出了一个价值等级序列的理论，这是一种判断不同价值之间优先级关系的理论。这个理论可以被用来帮助我们衡量档案的价值。

舍勒在其论文中提到，价值具有确切的含义和客观特性，且价值还可以从不同的角度进行划分，进而确定它们的等级。

以下是衡量价值大小的准则。

---

① 谢伦伯格．现代档案：原则与技术[M]．黄坤坊，译．北京：档案出版社，1983.

② 李凯尔特．文化科学和自然科学[M]．涂纪亮，译．北京：商务印书馆，1986.

（1）耐久性

价值随着内在连贯性的延续而增加。

（2）无法分割性

高价值的东西不能被分割。为确保档案得以完好无损地保存，必须保持其完整性。与食物不同，档案是不可分割的实体，因此不能进行任何形式的切割或改变。

（3）独立性

越独立，价值就越大。当档案发挥其价值属性时，通常表现出一定的独立性。

价值越高的是那些不依赖特殊自然机体的感情类型。读者会因为档案的内容而产生某些情感。尽管档案的物管形态可能引起情感上的变化，但这种变化是来自物管所象征的意义，而非其物理属性。

德国哲学家康德（Kant）在谈到经验时说道，人们丢弃一些东西，又收获一些东西，人就在这拾拾弃弃中成熟起来[①]。或许有很多事情被人们抛弃了，然而档案却被妥善保留了下来，成为人类珍贵的资料，促进人们的发展与成熟。

（二）档案的基本作用

档案的基本作用是在实践活动中发挥作用，它反映了档案本质价值的具体表现形式。档案作为储存信息的形式，具有三个方面的作用：作为证明身份、事实依据，以及激发情感共鸣。

谢伦伯格（Schellenberg）在《现代档案：原则与技术》中指出："在讨论美国国家档案馆所逐渐形成的那些鉴定标准时，我要提到两个问题：（一）公共文件内关于产生它的那个政府机关的机构组织和职能运行的证据；（二）公共文件关于与政府机关有关的个人、法人团体、问题和情况等情报资料。因此，公共文件有两种价值，即证据性价值和情报性价值。"[②]在我国档案学的相关著作中，档案具有两种基本的作用，即凭据作用和参考作用。而凭据和参考只是展示价值的方式，而非价值本身。除了凭据和参考作用，档案还具备情感作用的重要意义。实践证明，档案具备三个根本性作用：凭据作用、参考作用和情感作用。

1．凭据作用

凭据指的是证件、证明文件、证据或者其他可以证实某种事情真实性或有效性的材料。所有书面资料中，档案是最重要的凭据，其价值取决于记录的原始性。

① 丁海斌，方鸣，陈永生．档案学概论[M]．沈阳：辽宁大学出版社，2012.

② 谢伦伯格．现代档案：原则与技术[M]．黄坤坊，译．北京：档案出版社，1983.

档案的凭据作用是一种强证实作用。所谓强证实，是英国哲学家艾耶尔（Ayer）在《语言、真理与逻辑》一书中提出来的。他把可证实性分为强意义的和弱意义的两种。他认为，如果一个命题的真实性可以在经验中得到确切的证实，这就是强意义的证实；如果经验可能使这个命题成为或然的，那就是弱意义的可证实[①]。档案由于其记录的原始性，一旦它与命题建立直接联系时，其证实是强意义的。正如美国档案学家谢伦伯格（Schellenberg）在谈到设置档案机构的原因时指出的，它（档案）是一切永久性公民权利和优惠权利的最终凭据；是一切导源于或者关于公民与政府间各种关系之产权和财务权利的直接证据。[②]

只有实践才能检验真理的可信度，归档实践经验记录对验证相关命题是至关重要的。档案在各种活动中扮演着至关重要的角色，无论是国际事务还是个人事务，都需要档案作为必要的证据，如历史文献在解决跨国领土争端方面具有重要的作用，学历记录、人事记录和房地产记录等对个人具有直接利益关系，无法用其他的替代方式进行记录。

2. 参考作用

参考作用指档案作为知识和案例的经验，具有供人借鉴和参考的作用。尽管并非所有档案都能直接提供解决问题的途径，但它们所包含的信息和案例特征仍能供人们参考。

（1）档案可作为知识源泉

英国哲学家洛克（Locke）在他的《人类理解论》一书中给出了答案，他认为人“在理性和知识方面所有的一切材料，都是从哪里来的呢？我可以一句话答复说，它们都是从‘经验’来的”[③]。辩证唯物主义认为，经验是人们在社会实践过程中获得的感性知识，它是一切科学知识的基础和直接来源。

众所周知，只有通过实践才能汲取知识的营养。作为人类活动的记录，档案是人类实践的原始呈现，是知识的无尽来源。人类实践和认识的特点在于它们不断变革、多元并承袭着历史和文化的积淀。每个人的实践经验都是有限的，无法经历所有事情。大部分人的知识都是从其他人的经验或者间接的途径中汲取的。恩格斯（Engels）说过，每一个个体都必须亲自去体验，这不再是必要的；个体的个别经验在某种程度上可以由个体的一系列祖先的经验的结果来代

① 艾耶尔．语言、真理与逻辑[M]. 尹大贻，译．上海：上海译文出版社，1981.
② 谢伦伯格．现代档案：原则与技术[M]. 黄坤坊，译．北京：档案出版社，1983.
③ 洛克．人类理解论[M]. 关文云，译．北京：商务印书馆，1959.

替。[1] 档案是过去知识和经验的积累，是人类获得智慧的重要途径。

（2）档案可作为案例

由于档案记录了客观的原始信息，因此可以作为可信的间接经验和案例使用。与其他形式的间接经验相比，档案具有较高的借鉴价值。人们经常把档案作为参考案例使用。

案例可以叫作事例、范例、片段示范等。最初，案例这个词是在医学领域中用来描述医疗文献资料的，如医案等的汇总概括。在中国古代，许多医学文献，如脉诊记录、草药归纳等，可为后来的医师提供参考。案例为我们提供了一种有效探索和发现问题本质的方法，我们可以通过挖掘案例中包含的规律性、普适性的元素来深入研究和处理相关问题，这是一种快速且精准的研究方法。当前，在教育学、医学、法学等领域，案例研究已成为最为常用和有效的研究方法之一。

以西方判例法为例，英美法系认为先前的判例是后来判例的典范和参考，因此案例具有参考价值。现今，在一些欧陆法系国家的司法体制中，判例法被广泛认可，并被视为法官裁判的辅助准则。这些国家都已经默认使用判例法作为依据。我国也在研究判例法的价值。

3. 情感作用

情感作用指档案带来的情感体验和情感价值，档案是原始记录的同时也代表了人类情感的寄托。人们总会在面对自己或他人的行为时产生情感反应。无论我们为了什么去查阅档案，当我们面对它时，都会有情绪波动。这些情感反应可以表现为愉快、振奋等。

任何事物都会让人们产生情感波动。由于档案记录了之前的历史事实，它更容易激发人们的情感变化。

可以根据情感与档案的关系把档案的情感价值归为两类：一类是期待性情感，另一类是感受性情感。档案利用者通常表现出期待性情感，而档案展览的参观者则更倾向于表达感受性情感。利用者对档案的期望与实际内容的契合度会直接影响情感体验，如果档案能够解决利用者的重要问题，就会让利用者感到非常满意。档案中所包含的历史背景、美学价值等因素会对人们的感官产生深刻影响，如伟人的手迹、重大历史事件的记录，往往会引起人们的敬畏之情。

① 马克思，恩格斯．马克思恩格斯选集（第4卷）[M]．中共中央马克思恩格斯列宁斯大林著作编译局，译．北京：人民出版社，1995．

第二节 档案管理

一、档案管理的内容与性质

（一）档案管理的内容

档案管理的内容包括检索档案、编研档案、利用档案、统计档案等。档案管理的主要内容将在后续章节进行详细介绍，在此不作赘述。

（二）档案管理的性质

1．管理性

从档案管理工作本身来说，它属于一种科学的管理性工作，以专门的工作内容及特点区别于其他管理工作。其具体表现如下。

首先，从国家档案事业的角度来看，宏观档案工作是在遵循国家档案管理原则的前提下，建立国家档案制度，并以科学的方式管理这些档案。微观档案工作就是通过对档案的管理，建立合理的馆（室）藏结构和组织结构，从而保证档案材料畅通地、准确地传递到利用者手中。

其次，从每个机关单位的档案管理工作来看，它是某种管理工作的组成部分。例如，教学档案管理是教学管理不可缺少的组成部分，科技档案管理则是生产管理、技术管理、科研管理的组成部分。如果一个机关没有完整、准确的档案和相应的档案管理工作，其生产、科研管理活动就难以顺利进行。所以，对于任何机关和部门来说，档案管理工作都是某种管理工作的重要组成部分。

最后，档案管理工作属于一种科学型管理工作。档案管理工作需要处理各种不同载体和内容的档案资料，而非仅仅简单地保管和记录已有的事物。需要进行研究、考证，以及利用科学化、现代化的手段管理数量庞大、情况复杂的档案，这是档案工作者的工作内容之一。进行档案管理工作时，需要以研究为基础，采用科学的方法进行各个环节的管理。需要运用科学的理论、技巧和方法，恰当地安排档案的组织。因此，档案管理是一项高度科学化和技术化的管理工作。

2．服务性

从档案管理工作同其他工作的关系来说，它是一项条件性的服务工作。社会上的服务性工作有许多，通过提供档案文献信息来为各项工作服务，是它区别于其他工作的特点之一。

管理档案的档案部门旨在满足人们对档案利用的需求，为实现各项工作目标提供档案信息服务。就档案管理总体而言，其目的是通过有效地管理和提供档案，为当前和未来的各项工作提供支持和便利。针对某个特定部门和单位的档案管理工作，其目的是为该机构提供档案资料服务，以便更好地开展工作。虽然档案管理工作具有研究性质，但档案部门的主要目的是通过研究档案、编写档案等活动来创造更优质的服务条件。档案管理工作的服务性、条件性体现了档案管理工作的社会地位和作用。档案管理工作是我国革命和建设事业不可缺少的重要组成部分，它对各项工作起着咨询、参谋和辅助作用。

档案管理的存在、发展取决于档案管理工作的服务性质。在人类社会发展的各个历史时期，档案管理工作都为特定的经济、政治、科学、文化目标服务过，并随着服务内容的扩展而不断发展和强化，档案管理工作与社会的经济、政治、科学、文化等各项活动是紧密联系、密不可分的。档案既是这些实践活动形成的历史记录，又是进行这些社会实践活动的依据和必要条件。档案管理工作既是适应这些实践活动建立和发展起来的，又是为这些社会实践服务的。如果档案管理工作不为这些社会实践活动服务，它就失去了存在的条件和发展的基础。古今中外的档案管理工作完全证实了这一点。档案工作者必须自觉地了解和认识档案管理工作的服务性这一特点，树立明确的服务思想，千方百计搞好服务，这是档案工作者的光荣职责和艰巨任务。

3．政治性

从档案的形成特点和档案管理工作在政治中所起的作用来说，档案工作是一项具有政治性的工作，具体表现在以下几个方面。

（1）档案管理工作是维护党和国家历史真实面貌的一项重大事业

在阶级社会里，档案主要产生于一定阶级的政党、国家机关和社会团体中，历史怎样发展，档案就怎样记录，因此它成为查考、研究、处理问题的真凭实据。从一定意义上说，档案管理工作就是保存历史记录、维护历史面貌的工作。在社会生活中，由于某些原因，总会有一些人试图篡改和毁坏档案。因此，档案管理工作的关键之一就是要确保档案的真实性，从而展现党和国家的历史真相。

（2）档案管理工作的服务方向是体现档案管理工作政治重要性的核心

档案管理工作从来都是为一定的社会制度的路线、方针、政策服务。在社会主义社会中，档案管理工作应始终坚持社会主义建设服务的方向，为当前建设有中国特色的社会主义服务，为“一个中心，两个基本点”服务，这是我国档案管理工作政治性的集中表现。

（3）档案管理工作的机要性是其政治性的表现之一

档案管理工作是一项需要保密的任务。档案管理工作的重要性来自档案自身的特征以及对国家利益的考虑。我们必须提高警惕，严守党和国家的机密，这是档案工作者的职责。

二、档案管理的职能

档案管理是管理者为了达到一定目的，在所辖范围内对所管对象进行的一系列组织和实施活动。管理者对所管对象的一系列组织和实施活动，是通过管理职能来实现的。档案管理主要有以下职能。

（一）决策

决策简单地说就是作出管理决定的意思。它是管理者对未来档案工作发展所作的选择和决定。它既包括确定合理的档案工作发展目标，也包括为实现这一目标而确定的方针、政策、规划、措施和具体行动方案。

决策在档案管理中有重要作用，表现为它是行动的先导，档案管理离不开决策；它对现代档案管理活动具有直接的指导作用；它是衡量档案管理水平的重要标志，也是提高档案管理水平的重要手段。决策的正确与否，影响着档案工作能否顺利开展。决策是一个复杂的、相互协调的管理活动。要使决策科学化，档案管理者要做好以下几点。

1. 逐步完善决策体系

我们要健全决策机构、咨询机构及研究等机构，使各机构之间形成分工明确、协调一致的决策体系，广泛吸收各方面专家和专业管理人才充分参与决策，实行决策的民主化。

2. 提高决策者的素质和决策能力

人是决策的主体，决策者的素质是影响决策的关键因素。因此，必须提高决策者的马克思主义理论素质、科学管理素质、政治思想素质及决策能力。

3. 建立科学的决策程序

任何一项重大决策和档案事业计划的确定，都要按一定程序进行。其主要工作步骤有以下几项：第一，弄清问题，抓住关键；第二，在预测的基础上确定目标，拟定方案；第三，分析比较，进行抉择；第四，方案的实施与检查。

（二）计划

计划，就是筹划和设计，是未来行动的方案。它通过调查研究、预测和确定行动目标和决定来实现这些目标的原则、方法、手段和步骤，从而形成完整的指导档案工作发展的计划方案。

计划在档案管理中有重要作用：它可以全面地贯彻党和国家的路线、方针和政策，使我国档案工作沿着社会主义方向发展；它有利于各级党委和政府对档案工作的计划指导和宏观控制，使档案工作更紧密地贴合党的中心任务，搞好服务工作；它有利于档案部门进行宏观管理和微观管理，加强对档案管理的监督指导，增强管理人员的责任感。

档案工作计划管理的总原则是全面体现国家的计划要求，在国家计划指导下，积极发挥自身的计划职能作用。其具体原则有统筹原则、协调原则、重点原则、效益原则和发展原则。

计划管理的一般要求主要有以下几点：第一，要把档案工作的发展计划列入国民经济和社会发展规划；第二，要经常教育档案系统工作者认识计划工作的重要性，树立计划意识，提高按计划办事的自觉性；第三，建立健全法规制度，保证档案工作发展计划的实施；第四，及时总结经验，适时审慎地调整档案工作发展计划。

（三）组织协调

组织协调由“组织”与“协调”两个概念组成。从档案管理角度来说，所谓组织，是指按一定目的、任务和形式，把档案管理的各种要素科学合理地组织起来，形成一个有机整体，充分发挥其作用；所谓协调，是指对档案管理的各种要素，以及它与外部环境的各种关系加以统筹和调节，使之配合适当。组织与协调既有区别又有联系，两者相辅相成、相互促进。其目的是提高档案管理的整体效能，促进档案工作自身的均衡发展及其与国民经济和社会发展相协调。

组织协调对档案管理有重要作用：它是促使档案工作与国民经济和社会协调发展的重要前提；它是理顺档案管理的内部关系促使各组成部分分工合作的重要手段；它是档案管理部门行使职能的重要体现。

组织协调主要采用以下几种方法。

1. 行政方法

组织协调的行政方法是指档案工作管理部门运用国家的方针、政策及档案工作的法规、标准和计划等手段进行组织协调的一种方法。组织协调重在协商，着眼于沟通，以取得认识和行动上的一致。

2. 经济方法

经济方法，主要是指运用经济手段，按照客观经济规律的要求，追求经济效益的管理方法。这就要求贯彻物质利益原则，从物质利益上处理好档案工作系统各方面与外界的关系，从而有效地调动多方积极性，以实现预期的目标。

3. 宣传方法

组织协调的一个重要方法和特点就是沟通，而信息沟通的主要方式就是宣传。通过宣传的手段可以增强人们的社会档案意识，扩大档案工作的影响，并对档案工作的开展发挥舆论引导和宣传教育的作用。

档案工作是一项复杂多变的系统工程，要想进行有效的组织协调，还需采用马克思主义辩证唯物主义思想方法和精确的数学方法等。

（四）业务监督

业务监督是指档案管理部门依照法定的权限，对档案工作本身，以及国家机关、社会组织、企事业单位和公民个人是否严格执行和遵守党和国家有关档案、档案工作的法规、方针和政策所实行的监察督促。它不同于社会上对档案工作一般意义上的监督，具有较强的专业性。

业务监督具有重要作用：它是维护档案完整与安全的重要保证；它是加强档案法治建设，改革档案管理方法和提高档案工作效率的重要途径；它对维护公民有关档案方面的合法权益起着重要的保障作用。

为了使档案业务指导达到科学、高效的标准，必须遵守以下原则：经常性原则、民主性原则、客观性原则和有效性原则。

业务监督的主要方式和途径有：国家行政机关的监督、国家司法机关的监督、国家权力机关的监督，以及各种档案工作机构和档案人员的监督。监督的具体方法有审查、调查、检查、报告、申报、登记、督促、考核和发放合格证书等。

（五）业务指导

业务指导是指由国家和档案法规授权的机关及其工作人员依照党的路线、方针、政策和国家关于档案工作的法规，对所辖范围内的国家机关、社会组织，以及个人在档案事务方面所进行的指导。

业务指导有重要作用：业务指导机构及其工作人员通过运用档案工作规划、

法规及先进典型的示范等方法和手段，向所辖单位及时指出方向、提出要求，从而起到引导作用；业务指导机构及其工作人员通过宣传、动员、言传身教和集中培训等方式，对辖区和单位的广大干部职工进行思想政治教育和业务教育，从而发挥教育作用。业务指导机构是国家法定的，具有一定的权威性，只要档案业务指导人员依法办事、态度诚恳、方法得当，就能起到很好的指导作用。

业务指导的特点是，法定性与示范性统一、社会性与层次性统一、管理性与技术性统一。

业务指导的方法包括以下几种。

1. 宏观指导与微观指导

宏观指导，是指把全国或某一地区、某一系统的档案工作作为一个整体，从大处着眼，主要进行方针目标和行动规划的指导；微观指导，是指对某个单位的档案工作，以及档案事业的某个方面进行的具体指导，主要是技术方法的指导。

2. 会议指导与文献指导

会议指导，就是运用档案工作会议的形式开展业务指导。这种方法具有较强的时效性、直观性、沟通性。文献指导，是指通过制发文件和编发书报杂志等方式所进行的业务指导。这种方式具有较强的依据性、全面性、长效性、广泛性和方便性等。会议指导与文献指导既有联系又有区别，两者互补，相得益彰。

3. 咨询指导与示范指导

档案业务咨询指导，就是业务指导部门及其人员与被指导人员之间通过咨询与接受咨询的方法来进行指导。这种指导方法重在“说”，具有内容上的广泛性、过程上的反复性和态度上的平等性等特点。档案业务示范指导，是通过演示技术、展示工作成果、分享经验和案例模板等方式来提供指导的一种方法。这种方法的关键在于实践，具有直观而典型的特点，应用起来简单方便。咨询指导与示范指导也是既有联系又有区别，相辅相成的。

4. 集中指导与个别指导

档案工作的集中指导，是指集中一段时间和一定人员对档案工作中某一或某几个问题进行指导。这种指导方法省时、省力，便于互通情报、交流思想，见效快，标准也容易统一。档案业务的个别指导，是指针对个别单位、个别人的问题进行的指导。这种指导范围小，针对性强，问题解决比较及时。

此外，整体指导与专项指导、普遍指导与重点指导、直接指导与间接指导、理论指导与实际指导等都是针对不同情况而产生的指导方法，需要我们在业务指导中综合运用。

三、档案管理的手段

档案的现代化管理是通过各种管理手段和方法实现的，因此我们要全面掌握并正确运用各种管理手段。

（一）行政手段

行政手段是指档案管理机构及其人员运用合法权利，以及利用其强制性，通过在行政管理系统的各个层次部署、指挥、监督和检查来直接影响被管理对象，使其遵守行政命令。行政管理手段具有强制性、稳定性等特点。

行政管理需具有严密的组织网络系统和严格的组织纪律，信息的传递应具有规范性和约束力，接收率要高。我国的档案工作实行统一领导、分级管理的原则，否定各自为政的分散管理方式。这既是我国政治体制所要求的，也是档案事业管理所必需的。这就为实行档案行政管理提供了组织保证。因此，必须把行政手段作为实现档案管理功能的主要手段。

（二）法律手段

法律手段就是人们常说的“法治”。在档案管理中运用法律手段，就是制定档案法规，建立和健全档案法规体系，坚决贯彻执行档案法规，并实行有效的监督检查。

档案是国家的历史文化财富，档案工作是国家的一项重要事业，必须依法治档，使档案工作有法可依。社会主义市场经济就是法治经济。因此，为了适应社会主义市场经济的发展需要，对档案实行法律管理具有重大的意义。

首先，通过依法治档，档案部门和工作人员能够确定自己的职责、权利和义务，从而各司其职，促进档案工作健康地发展。

其次，通过运用法律手段，档案管理系统能够保持一定的稳定性和总体性，不容易受到外界的影响。通过这种管理方式，就可以有效保持档案管理系统的稳定性、持续性，推动其正常运转，同时也能提升工作效率。

最后，法律手段在档案管理中的主要功能是平衡各种管理要素之间的关系。根据处理对象的特点、性质通过逐步调整约束的程度和范畴来管理各种对象。

（三）经济手段

运用经济手段管理档案事务，是顺应时代发展趋势，充分调动档案工作中的各种积极因素，从而实现档案管理最佳效益的一种管理方法。经济手段的实质，是贯彻物质利益的原则，以物质利益为手段调整和处理国家、集体、个人之间的关系。

在档案管理中运用经济手段，主要是在档案工作部门坚决贯彻按劳分配原则，科学地组织劳动，调动档案工作人员的积极性，提高工作效率。实行聘任制，建立岗位责任制、考核制度、评比制度和奖惩制度等，实行责、权、利相结合的制度，使经济手段发挥最佳效用。

档案工作的生存发展始终受到社会环境的约束，因为它是一项有着条件限制，具有服务性质的工作。尽管它不是经济领域的活动，但它在所有社会活动中都有参与的能力，包括经济活动。它不仅能带来社会效益，也能产生一定的经济效益，并具备一定的经济功能。但是，档案事业属于文化事业，其运行规律有自身的特点，因此不能简单地套用一般管理系统的经济手段。运用经济手段管理档案事务，是新形势下的新探索。要从档案工作的实际情况出发，把它作为其他管理手段的补充形式，逐步积累起一套成熟的经验，走出一条切实可行的档案工作管理之路。

（四）政策手段

政策手段就是通过制定档案工作方针政策来宏观控制、管理国家档案事务，使之实现其规定的任务和目标。

档案工作的方针政策，是根据党和国家不同时期的总任务制定出实现一定时期档案工作任务的行为准则，是档案工作决策的依据。正确地制定和执行档案工作的方针政策，能够统一档案部门的思想和行动，使档案工作沿着正确的方向发展。

运用政策手段应注意：我国档案工作方针政策的制定，必须与国家制定的档案法律，以及党和国家一定时期的路线、方针、政策相符合，而不能与之相抵触；必须从档案工作的实际情况出发，反映一定时期内档案工作中需要解决的主要矛盾，并具有针对性，情况发生变化要相应地调整档案工作方针政策；要预测未来，高瞻远瞩，明确方向，提出奋斗目标。

事实证明，根据档案工作发展的进程和存在的问题，及时提出档案工作方针政策，是对国家档案事务进行宏观管理的一种重要手段。

（五）计划手段

档案管理的计划手段就是通过预测国家档案工作的发展，进行统筹规划和安排，来实现档案工作的目标。它是指导人们未来行动的目标和准则，也是组织档案管理部门统一行动的指南。它可以较好地克服工作的盲目性，保证档案工作任务顺利完成。

档案事业管理运用计划手段具有重要意义：首先，计划是一个目标，也是未来的行动方案。它是决策的具体化，可以避免发展的盲目性。所以，政策手段和计划手段是档案事业管理的孪生姊妹，先有政策，后有计划，政策是计划的灵魂；反之，没有计划，政策也难以贯彻下去。其次，计划是组织档案部门统一行动的指南。没有计划，就难以协调行动，各行其是必然带来工作上的混乱，影响工作效率的提高；最后，计划是档案事业管理部门从事管理活动的有力手段，如果没有计划，正常工作是难以进行的。档案工作计划包括总体规划和专门性规划、长远规划和年度计划等。

（六）宣传教育手段

宣传教育手段就是通过宣传教育充分发挥人的主观能动性，激发人们的工作热情，极大地提高工作效率。

档案宣传教育手段对行政、法律、经济、政策和计划等手段的实施有着积极的作用，因为这些手段都需要靠宣传教育才能使人们了解和认识其综合作用。实践证明，人们社会档案意识的强弱及档案法规和方针政策执行的程度与档案宣传教育是否得力密切相关。因此，档案管理的其他手段必须结合宣传教育手段一同运用，才能获得较为理想的效果。

第三节　档案管理的制度与规范

一、档案管理制度

（一）档案管理制度的内容

我国档案管理制度是在不断总结档案工作经验的基础上，依据党和国家有关档案工作的政策、方针、法规逐步建立起来的。档案管理制度是档案管理工作顺利进行的前提，是实现档案科学管理和有效利用的条件，也是各级单位加强基础管理、提高竞争力的客观需要。因此档案管理制度的建设对于指导和推动我国档案事业的发展起着重要作用。

档案管理制度主要分为行政管理制度和业务管理制度两大类：档案行政管理

制度是保证档案工作在单位全面落实的行政性管理制度，具有适用范围的广泛性和发挥作用的间接性特点，如档案管理办法、档案工作岗位职责等；档案业务管理制度是关于档案收集、整理、鉴定、保管、统计、利用等业务工作的操作性制度，具有应用范围的专有性和专业性特点，如档案库房管理制度、保密制度等。

档案管理制度的内容主要有以下几种。

1. 文件的归档制度

文件的归档制度是专门为职能部门进行档案归档工作而制定的各项基本规范和依据，是档案部门指导、检查文件归档工作的依据，是做好档案收集工作的依据，是保证工作活动连续性及档案工作有效性的基础。文件的归档制度一般包括归档要求、归档时间、归档文件的数量（份数）、归档手续、归档范围等内容。

2. 档案的借阅制度

档案的借阅制度是关于利用者借阅档案的若干具体规定，它有助于维护档案的安全，充分发挥档案的作用，主要内容包括借阅对象、借阅手续、标准手续、借阅要求等。

3. 档案的保管制度

为了重视档案的安全性、库房管理及各种设备的管理等方面，还需要制定必要的规则。

4. 档案的鉴定与销毁制度

档案管理机构制定了档案的鉴定与销毁制度，其中包括鉴定标准、组织安排、档案处置方法及销毁审批手续等具体细节。

5. 档案的利用制度

档案利用制度规定了档案的使用范围、方式、条件、操作程序、审批手续等相关要求。

6. 档案的保密制度

档案保密制度的机密性是十分重要的，需要确立明确的档案保密制度，并向档案管理人员强调保守秘密的重要性。

7. 档案人员岗位责任制度

档案人员岗位责任制度主要明确档案人员的职责、权限、任务、考核和奖励措施。

8. 电子档案管理制度

单位各信息系统中生成的电子文件需要归档、管理和利用，电子档案管理制度应对此提出明确要求。

9. 档案管理系统操作制度

档案管理系统操作制度应该明确操作人员的职责，并详细说明档案管理系统软件和硬件的操作准则。

（二）档案管理制度建设要求

1. 依法依规

档案工作规章制度制定的依据主要包括《中华人民共和国档案法》《中华人民共和国档案法实施办法》，国家档案局颁布的档案行政规章，国务院各部委和国家档案局联合颁布的档案行政规章，国家、省市级机关印发的各类业务规范标准，档案行政规范性文件及其他与档案工作有关的法律法规，如《中华人民共和国保守国家秘密法》《中华人民共和国著作权法》等。任何单位和组织制定的档案工作规章制度都不得与之相抵触。

2. 切合实际

制定档案工作规章制度应以管得住、易操作为原则，不必一味求大求全。就规章制度类别来看，工作规章是一个单位依法开展档案工作的根本依据，其基本要求应当纳入单位的规章制度及考核内容中。而管理制度和业务规范既是工作依据，又指导实际操作，着重解决“做什么”和“怎么做”的问题，应当根据一个单位档案工作的具体情况制定，如收集、整理、归档、保管、利用、安全保密等工作是档案业务的重要环节和要求，关系到档案的完整、系统和安全。有必要通过制度来明确责任和工作流程，作为各部门、各处室共同遵守的行为准则，因此，这些是开展档案工作必须建立的工作制度，又如档案检索、统计、编研等业务工作主要由档案机构专职人员承担，对一个单位其他部门和人员来讲不具有普遍约束力。因此，可根据单位性质、规模等具体情况选择制定或纳入档案工作规定中一并制定。再如特殊载体档案、专门档案等有其管理的特殊要求，应当结合本单位档案分类方案及业务活动实际分门别类，逐步建立健全，确保不留管理空白。

3. 保持相对稳定

档案工作规章制度具有稳定性特点，尤其是涉及文件和档案整理等方面要求的，如档案分类方案、归档文件材料整理规范等，一旦作为工作制度确立下来，短时间内不要轻易改变，否则容易造成档案分类和文件整理标准前后不一致，给今后档案调阅和查考带来不便。

4. 适时修订完善

随着国家新标准、新规范的出台及档案行政规范性文件有效期届满修订等工作的开展，尤其是信息技术的发展和无纸化办公的推进，对电子文件归档管理、电子档案管理、传统载体档案数字化、档案信息安全保密等工作提出了新要求。因此，档案工作制度也必须适应新形势要求，适时调整和补充完善。例如，制定档案管理应急处置预案、档案数字化外包规范、档案托管外包规范等就是近年来档案安全和保密工作的要求；《机关文件材料归档范围和文书档案保管期限规定》（国家档案局 2006 年 8 号令）、《企业文件材料归档范围和档案保管期限规定》（国家档案局 2012 年 10 号令）也同时规定，机关内设机构或工作职能，以及企业的资本结构或主营业务发生较大变化时，文件材料的归档范围和档案保管期限应当作相应调整和修定。再如，原本属于系统内部管理规范的某项业务档案管理办法，随着国家管理规范的正式出台，应当及时作相应修定和调整，确保与上述规范保持一致。

二、档案管理的规范

随着社会经济的发展，档案管理工作发生了翻天覆地的变化，如何促进新形势下的档案工作发展是值得我们进行深入思考的。科学规范的档案管理不仅能够提高管理部门的能力，促进有效地利用档案，同时也能够提高档案管理工作者自身的价值，为社会的进步和经济的发展带来新的贡献。目前，我们应该抢抓机遇，避免负面因素对我们的影响。同时，应该充分发挥我国社会制度所具有的优势，推进档案管理工作向规范化、科学化、法治化方向发展，跟上时代的步伐，不断地创新，为档案管理工作的未来发展创造出新的发展局面。

（一）依法管理，建章立制

依照法律是档案管理的基础，也是实现档案管理工作科学规范化的关键。要想做好档案管理工作，必须切实遵守法律法规，建立完善的档案管理制度。《中华人民共和国档案法》的出台对档案的管理、收集、整理和利用等环节都起到了非常重要的作用，旨在积极有效地保护、利用档案，为经济和现代化建设服务。其制定为档案管理工作的顺利开展提供了有力支持，并为档案管理工作的发展奠定了坚实基础。随着社会的进步，档案管理工作也在不断演变，特别是设备、设施和档案媒介方面的不断改进，要求我们对档案管理的理念和方法进行改革、创新。所有档案工作者都应该时刻保持高度的警觉性，意识到任务的紧急性，要不断地学习，提高在业务、科学管理等方面的能力，以满足时代的需求。依据法规对档案进行管理，并建立健全档案管理规章制度，确保其高效运作。只有这样，才能根据实际情况进行调整，以灵活高效的方式实施档案管理，确保其规范化发展，进而充分发挥其在社会中所应具备的作用。

（二）科学规范，提升服务

科学规范的档案运用能够为我们深入了解社会和经济活动的基本规律提供重要参考，同时也为国家的经济和文化建设提供更优质的服务。因此，更加有效地管理档案、规范档案工作，对提升档案工作的服务能力具有重要的意义。

要依据国家档案法相关法规，从规范化管理入手，进一步完善档案管理制度体系，制定适应社会发展需求的档案管理规则。例如，国家档案局2012年颁布了第10号令《企业文件材料归档范围和档案保管期限规定》，以适应市场经济体制的完善，进一步规范了国有、民营及外商投资等各类文件材料归档范围和档案保管期限，使档案成为各单位内部控制、健全各项管理、依法规范经营的基础，有效地服务于单位各项活动的凭证参考需要。在规定中特别强调档案资料的收集，将其视作实现档案管理规范化的重要因素，以便更好地改进档案的收集管理。这表明，为实现档案管理的目的，需要在档案管理体系中确立清晰的准则，使得负责管理的部门和个人能够达到这些目标。

随着档案管理制度体系的不断建设和完善，人们正在积极探索新的档案管理服务渠道，旨在为社会创造更多的效益，同时也能够有效推动档案事业的不断发展，促进档案信息化建设的进程。

第四节　档案管理工作现状

一、档案管理工作的问题

（一）档案管理规范化和标准化进程缓慢

档案管理作为见证国家和社会历史足迹的重要工作，有其独有的工作方法和管理体系。随着时代的变迁，档案管理日益追求规范化和标准化，现已成为衡量档案管理工作质量的重要标准。以下是我国档案管理规范化和标准化发展中存在的问题。

1. 缺乏正确的意识

档案管理规范化、标准化进程中，影响其发展的首要问题就是一些单位和档案管理人员对档案管理规范化和标准化认识不足，重视不够，不愿与时俱进、推陈出新，仍然固守着传统的管理方法和管理理念，导致了管理水平的停滞不前。当下新媒体时代的档案管理规范化与标准化，不仅仅局限于管理方法、工作态度等方面的规范与严谨，更需要档案管理方法和理念与现代信息技术、网络技术、数字技术相结合，构建一套科学化、规范化、现代化的管理系统，真正提高管理效率。只有充分了解当前形势，深刻意识到规范化和标准化对档案管理的定位和重要性，才能使档案管理工作向规范化和标准化进步，从而为实现档案管理的现代化打下坚实的基础。

2. 标准化程度较低

从目前档案管理的整体情况来看，想要确保实现档案工作的标准化，根据实际需要去制定切实可行的实施标准势在必行。档案管理本身，就具有比较复杂的体系，容易出现管理松散等问题。由于历史等方面的原因，在实际的档案管理工作中，确实存在一些基层单位各自为政、管理水平差异较大的现象。加之现在的档案管理软件、计算机型号和性能也没有统一的标准，通用性差，无法完全实现数据的共享，缺乏全国统一性的标准档案管理系统，致使档案管理仅仅有技术方面的保证，但是专业化和标准化的程度不能适应档案工作的发展需要，较难提高档案管理的质量和速度，影响了档案管理规范化和标准化的发展。

3. 投入力度不够

档案管理规范化和标准化需要档案管理系统进行全面的优化建设，设备的更新、技术的改进、人才的培养等每一项工作的优化升级都需要人力、物力、财力的大量投入，这样才能保证档案管理工作规范化和标准化的实施进程。但是，从目前的情况来看，规范化和标准化进展程度的缓慢，在一定程度上与一些单位资金短缺、经费支持不足有很大的关系，因此增强档案意识，做好档案管理基础设施建设的完善和升级，做到基础设施的规范和标准，才能突破档案管理规范化和标准化建设的瓶颈。

4. 缺少统一的原则

档案管理工作的规范化和标准化需要确立统一的原则加以维护，但是当前我国档案管理工作的相关政策规范和法律规定并不完善，导致档案管理的规范化和标准化尚待加强。在实际工作中，规范化和标准化因为缺乏严格标准，无法大范围普及和推广，工作进程中难免出现各种矛盾和弊端，造成了档案管理规范化和标准化转型缓慢。

（二）档案管理专业人才稀缺

新时代的发展，对档案专业技术人员提出了新的标准和要求，档案工作领域已迫切需要一批能够适应信息化和现代化发展需要、具有创新思维和创新能力的人才来推进档案工作的前进步伐，因此加强档案管理人员队伍建设成为推动档案工作持续发展的关键。

在管理进程中，尽管技术在不断地进步，对信息环境的构建起着非常重要的作用，但是人才仍然是关键因素，在信息化和现代化建设的发展过程中无法被替代，我国目前档案管理人才队伍建设滞后。一方面，由于旧有观念的影响，档案机构存在一定的老龄化现象，缺乏年轻人才，导致创新能力不强，档案管理工作人员不能熟练使用计算机，缺乏对档案工作的热情，使档案部门形成先天“营养不足”。而新型档案管理方式正逐步推行，其在管理对象、管理手段、管理目标等方面与传统的档案管理有着很大的差别，需要既熟悉档案管理知识又懂得计算机管理技术的具有双重知识结构的复合型人才，因此，旧有的档案管理人员较难适应新时期的档案管理需要。另一方面，部分部门忽视了对档案管理人员开展必要的计算机知识及档案管理软件知识的业务培训和学习，导致档案管理人员整体的素质较低，不能适应新时代信息化建设的发展，阻碍了档案管理的现代化进程。

首先，档案管理人员的专业水平偏低。虽然档案管理人员不少，但是科班出身的高学历人员不多，而且存在缺乏创新意识、理论水平较低、学术意识较弱的情况。此外，许多高技术和现代化工具的使用率较低，无法满足信息化时代对档案管理的需求。

其次，档案管理人员缺乏有关档案业务的深入学习。因此，档案人员的职业素质很难在短时间内得到快速提高。

最后，档案管理人员的综合素质比较欠缺。由于多数档案管理人员不具备基本的外语读写技能，在处理外文档案时，他们可能会遇到困难需要依赖翻译工具，这就限制了外文档案的利用，也对档案信息资源的利用带来了限制。除此之外，因为我国电子档案管理工作发展的历程不太长，因此，有关工作人员通常仅具有传统档案管理工作所要求的技能和素养，对电子档案和数字化等工作所必需的计算机操作技术、先进档案管理观念和手段尚未掌握扎实。

（三）档案收集不完整

要想推动档案管理工作的不断发展，必须依靠高水平、高质量的档案基础工作。收集档案是丰富馆藏档案资源的关键手段，也是开展后续档案工作的基础和条件。虽然目前已经出台了许多档案法规，对档案收集工作进行了规范和改进，但在实际操作中仍存在一些问题，档案收集工作方面的问题依然成为阻碍档案管理现代化发展因素之一。

1. 归档种类不齐全

目前，许多单位的档案管理部门过于关注文书档案的归档，而对科技档案（如基建、设备、科研等档案）和专业档案并未给予足够的重视，其中包括新型媒体载体的声像档案和电子档案等。这样会造成单位内库存档案品种单一，部分重要且具有保存和利用价值的档案未能受到有效管理，这将严重影响单位内各部门对各类档案的利用需要。以高校的档案管理工作为例，档案的收集尤为重要，是学校开展各项档案工作的基础和源泉。只有进行全面的信息收集，奠定良好的档案管理工作基础，才能进一步地开展利用和编研，发挥高校档案的育人功能。高校的档案收集往往包括学校发展过程中的相关文件、教师的工作历程、学生的学籍信息以及学校招生和毕业情况，同时还有教学活动过程中产生的信息资料等，这些资料不仅仅是传统的纸质档案，还包含了大量的实物、电子和声像档案。但在目前的高校档案收集工作中，大部分的学校对纸质档案的收集工作引起了重视，但是对于其他载体档案资料的收集意识、重视程度还不够，使得实物档案、声像档案等载体形式的档案收集工作不完整，且档案信息的真实性以及合理性得不到有效的保障。

2. 档案工作意识不强

由于缺乏档案工作意识，单位内的各部门工作人员没有注意到日常工作中一些重要原始材料的积累和保管，这就导致了材料丢失，最终在年底进行归档时只能归档已有材料。还有一些工作虽然至关重要，但由于没有妥善积累相关材料，因此无法进行归档。此外，由于档案部门缺乏对各业务部门每年具体工作的了解，因此所谓的监督和指导仅在表面，最终导致归档文件缺失或不完整，影响档案工作的开展。

3. 档案收集归档范围不明确

在《中华人民共和国档案法》和国家档案局第 8 号令《机关文件材料归档范围和文书档案保管期限规定》中已经对档案本身及各级机关单位文件材料归档范围进行了正确的界定，但是在标准中对于收集材料的标准界定还是很抽象和笼统。尽管各单位也都结合自身的情况，根据第 8 号令编制了针对本单位档案工作的归档范围和保管期限表，但是由于其内容源于第 8 号令，指南文件都比较宏观，没有具体细节。特别是在科技档案、专业档案的归档范围方面，缺乏具体而详细的说明，多数还是靠档案工作人员的经验和自身对归档范围的理解程度等归档，很难以归档的指导文件作为鉴别的依据和标准。

4. 档案收集工作执法不严

尽管《中华人民共和国档案法》和《档案管理违法违纪行为处分规定》等法规文件规定了对拒不归档行为的惩处，但在实际工作中，为各单位档案部门有效地鉴别归档材料的完整性和齐全性，并落实相应的执法工作提供了监督。就档案管理而言，由于各机关单位对档案工作缺乏正确的了解，再加上档案材料未能及时归档，并没给单位带来影响、损失，所以有些单位在档案移交过程中确实存在敷衍了事、一拖再拖的情况，档案馆对迟迟未归档的档案移交单位除了催缴，也没有更有效的解决办法。长此以往，部分工作人员的档案法治意识日益淡薄，直接影响档案收集工作及时有序的开展。

（四）档案管理制度不完善

档案管理的标准化和规范化落后实际情况成为档案管理发展的重要瓶颈。实现档案现代化管理需要逐步推行，无法一蹴而就，这是一个渐进的过程。现今的档案管理工作正处于新旧模式交替的时期，随着新媒体科技手段的丰富与应用，越来越多的归档文件资料已从传统纸质文档变为磁盘、光盘等数据信息，而现行的档案技术标准、组织工作的程序标准及相关规定，在信息技术方面考虑不足，不能完全适应档案管理工作的发展需要，一定程度上影响了整体水平的提高，因此完善档案信息安全管理制度，建立健全档案管理的制度体系，是档案工作顺应时代发展的迫切需要。

档案工作的标准化和规范化作为一个系统的工程，是推进档案数字化建设、实现信息化发展的关键，加强档案管理制度的建设工作，是规划和解决档案管理最终迈向现代化发展之路的关键。近几年来，国家档案局已经开始制定和完善涉及档案工作的规章制度，某些以往的文件规定已被废除，同时制定了有关电子文件归档的规章准则。然而，由于档案本身的复杂性，我国档案管理体系相对来说比较复杂。对档案信息化和现代化发展的现状及需求，国家目前还缺乏完善的制度以应对档案信息发展中的新现象和新问题。这就导致了档案的发展在一定程度上具有盲目性。

（五）档案信息化发展存在隐患

1. 档案信息化发展失衡

在全球信息爆炸的今天，大数据时代的来临已然对档案信息管理的总体规划和布局提出了更高的要求。档案信息化建设是一项系统的、复杂的工程。档案信息化建设的权限、规模、设备人员配备情况等各方面都要站在总领全局的角度，要结合地方和区域特色进行统筹和规划，但我国目前档案管理信息化系统还处于比较分散的状态，各省区市等方面的汇总、协调合作和资源共享不足，各个行业之间的联系建立的也比较少。此外，档案管理信息化建设需要先进的技术和仪器设备及高素质人才的支撑，在经济水平相对发达的城市，人力资源也有保障，信息化的开展和推进较快，但总体来说，目前我国的档案管理信息化建设在网络搭建、计算机、扫描仪、多媒体设备、办公系统等方面的资源和技术投入尤其是中西部地区和农村基层的投入还是较欠缺，这导致整体信息化建设发展出现不平衡。从长远的视角来看，要解决部分地区信息化管理手段的落后问题，加强区域之间的信息化协作，才能避免这种不平衡发展对档案的信息化建设及整体优势的发挥造成阻碍。

2. 信息安全技术较差

信息化、网络化在给档案管理带来便利的同时，也存在较大的安全隐患。信息化建设以计算机和互联网为依托，采用软硬磁盘、网络云虚拟存储等方法进行电子档案材料的采集、整理、调用、传输等，对技术的安全性要求很高，一旦电脑或计算机软件中病毒，那么数据就很容易被窃取、盗用，甚至篡改、删除、伪造，这将会对社会造成极大的危害。近年来，由于计算机病毒和黑客威胁信息安全所带来的安全损失呈现逐年增长的趋势。除去外来侵入的安全隐患，计算机本身的防护措施如不到位，也有可能会导致档案与电子文件产生冲突，造成数据库破坏，系统瘫痪。此外，放眼国内的发展状况，计算机的云计算技术、虚拟化技术、智能化技术等在档案方面的应用还不够深入，档案信息安全技术还需要不断完善，各地区安全策略及措施各自为政，软硬件技术的发展还存在依赖国外技术的现象，这些都影响了档案信息的安全。

3. 档案信息资源共享困难

促进档案信息资源共享是推进档案信息化进程的关键内容。20 世纪 80 年代，我国开始实践档案信息资源共享。从最初建立馆内档案目录中心，然后在现在的“互联网 +”背景下逐步建立在线档案信息资源共享系统，这一实践已经从单纯的馆内建设发展到了馆际合作，从编制目录到建设数据库及系统间交流。最近几年，中国各地纷纷开始建设数字档案馆和电子文件中心，以提升档案管理水平。值得一提的是，国家档案局推进的“农村档案资源共享工程”实现了档案工作以人为本的理念，工程发展至今，在档案信息资源共享建设方面已迈出了坚实的步伐，取得了一定的成果。但是结合我国信息化建设的发展实践，要在全国范围内开展档案信息资源的共享联动，目前还存在一定的制约因素。

（1）缺乏主体共享意愿

在全国范围内，在建的大小档案信息资源数据库不计其数，但是能真正实现全文上网的数据库却很少。除去经济和人力等因素，其主要原因还表现为共享意愿的不足。尽管档案信息资源共享是信息化建设的必然趋势，但因为具有利益分配、安全保障及制度管理等方面的问题，导致一些档案信息资源的共享只在网页框架上显示，实际共享效果不佳。

（2）档案信息资源整合困难

我国传统的档案管理工作在实践中形成了条块分割的管理形态，这样的管理体制从我国的实际情况出发，确实有其合理性，但是也造成了各级国家综合档案馆在档案资源的整合上难有作为，也约束和限制了档案资源的整合。由于档案资源分散、馆藏档案信息资源的质量不高，较难满足日益增长的档案信息服务需求。

（3）缺乏机制创新

各种信息服务机构之间的合作与交流是实现档案信息资源共享的主要手段。目前，我国信息服务机构之间在实现档案信息资源共享的过程中，不可避免地在标准建设、利益分配、组织间联动等方面出现了问题，所以，要促进档案信息资源共享的发展，需要加强档案信息资源整合和共享，组织联合机制的建设，并且构建相应的动力机制、利益平衡机制和组织联动机制。只有通过不断推进机制创新，才能有效地处理档案信息资源共享方面的问题。

（六）档案开发利用有局限

1. 档案资源不够丰富

就整体而言，我国的档案馆收藏档案的普遍难题包括：数量缺乏、结构不太科学、载体形式比较单一、档案内涵相对单调。具体而言，尽管档案信息资源的数量与日俱增，却无法满足日益增加的利用需求。文书档案是各门类档案中最多的一种，约占总数的50%，而科技档案、专门档案、文艺档案等其他门类的档案相对较少；大多数档案集中在党政机关和社会团体的职能活动方面，与普通群众的实际生活关系紧密的档案内容则较为有限；纸质档案占据主导地位，声像和实物档案则较为稀缺；普遍性馆藏数量过多，而特色性馆藏相对较少。因此馆藏档案无法反映出某一地区的历史和经济活动情况，无法满足群众对档案的全方位需求。

2. 档案检索编目功能不健全

档案检索是获取档案信息资源不可或缺的步骤，也是顺利进行工作的必要手段。目前，我国各级档案部门存在普遍问题，即档案检索工具种类少、检索速度慢、效率低。此外，在检索工具的编制上，社会利用需求往往被忽略，与实际利用需求没有充分对接，从而无法满足利用者在查询方面多样化、深入化的需求。所以，应该非常重视检索工具的建设，确保它们符合标准，形成一个完善的检索工具系统，包括馆藏性、查找性和指导性等方面。这将有效揭示馆藏，并将其与利用需求充分融合。此外，还应该加强网络检索建设，从单一检索向多元检索转变，以拓宽人们查阅档案的范畴。

3. 档案编研深度广度不足

档案的编研工作是档案资源开发的一个关键环节。编研的成果可以提供重要的信息服务，向社会传递传统档案所保存的知识和资料。受传统观念的影响，很多档案编研部门相对独立，只关注馆内档案的编纂和研究。此外，由于编研队伍建设水平较低，因此档案编研成果以简单的文本编写和汇编档案材料为主，研究深度有限，视角相对单一。这种情况较难满足使用者的需求。

（1）档案编研理论有待提升

当前，我国的档案编研工作还存在一些问题，如选题较为陈旧，与民生、经济等社会热点距离较远，研究相对少而汇编较多，编研成果的开发速度缓慢、周期较长等。这些问题导致档案编研产品大多只有自己喜欢自己看的情况，缺乏符合社会需求的高品质产品。这表明传统档案信息资源在编研这个阶段的利用方法存在缺陷。缺乏新的理论、观念的指导也是出现这种情况的原因之一。档案机构应当提高对档案编研工作的认识，把有效服务于政治、经济和文化建设，以及体现高层次信息资源开发的编研工作作为档案信息资源开发利用工作的重点，并将传统的档案编研理论与指导业务相结合，展示更新、更高层次的研究成果，以此来体现档案事业的发展方向和重点工作。只有这样，才能顺应信息时代的客观需求，实现理论与实践互相促进，以满足现实需求。

（2）档案编研方式有待改变

档案编研传统的方式以馆藏资源为基础、以本馆人员为主力，着重于整理和汇编档案资料，但因为编研队伍人才力量受限，无法完全确保编研素材的准确度和全面性。因此，这种单一型、低层次的开发状态难以满足利用者的需求。随着我国区域协调力度的提升，档案编研已经不再是档案馆内部的单一活动。相反，应该利用馆（室）网络，向社会各个领域扩展，与其他文献保管机构（如图书馆、博物馆）进行广泛的馆际交流。这种方式可以增加编研工作选题和素材的多样性，丰富研究对象。另外，我们需要重视档案室的编研工作，并视其为档案管理机构编研工作的补充。这能够全面评估地区编研工作的水准。

4. 档案服务方式被动单一

现阶段的档案服务方式没有充分利用档案信息的特点，缺乏具有针对性和有效性的服务，以及明确的服务目标。传统档案提供的利用方式主要包括查阅、借阅、复制、展览和证明等，但这些方式受到档案部门烦琐流程的限制，缺乏主动的提供方式。这较难让社会各界了解本馆的藏品和资源，同时也较难增强社会对档案的认识，提高档案的利用率。同时，时空限制也会影响可利用档案的范围，从而在一定程度上降低档案利用效率，难以深入挖掘档案的价值。随着社会市场经济体制不断完善和社会信息化的普及，人们对信息的需求发生了全面变化。在利用档案时，人们不仅仅只需要原始信息，还需要经过分析、预测信息，尤其是那些与国民经济和社会发展密切相关的经济、科技和民生信息更为重要。尽管我们在档案工作上已采取了一些措施并取得了一定的成果，但是服务模式仍是被动、单一的。此外，档案信息资源的开发更多地表现在流程形式上，缺乏市场调研，档案部门提供的信息成果缺乏时效性和针对性，不能完全发挥出档案信息资源应有的服务功能。

（七）对档案管理工作认识不足

尽管档案被视为具有深远历史意义的资料，但对档案管理工作的重视程度却一直较低，未能成为工作考核的重点。有些部门和一些领导对档案管理工作的认识不够充分，也没有足够重视，甚至存在一定的误区。他们单纯地将档案管理工作理解为只要将档案整理、保管好，能够应对日常的查阅即可，认为档案管理与单位的经济利益及主体工作联系甚少，在人力、经济各方面的投入较少，因此，我国的一些档案信息管理机构因为受到忽视，工作人员往往缺乏对档案管理工作的热情。很多其他机构都会组织各种各样的培训机会，提升工作人员的素质与能力，而档案管理机构工作人员的培训机会较少，这都是档案管理部门不受重视的原因。长期以来形成的这种观念，不仅导致档案管理在过去相当长的一段时间内发展缓慢，在数字化、信息化发展的今天也成为束缚档案管理发展的客观因素。虽然现在档案管理工作的重视程度得到了一定的提高，对档案管理的重要性也在重复进行强调，但是思想意识上的重视还有待加强。

二、档案管理工作的发展趋势

随着档案管理方式的变革与发展，档案管理的用处越来越宽泛，档案管理不仅用于单位审计工作，而且越来越向透明化的方向发展。档案已成为人们阅读及共享资源的途径，利用档案，人们能够知道一些鲜为人知的事件。在档案管理领域，一些官方的档案是了解历史和事件发展的重要依据，它们已经成为现代社会发展的关键力量。特别是在中外合作趋势加强的背景下，越来越多的人开始重视档案管理的对外合作，利用此方式来寻求双向进步。对某些机构或个人而言，档案可以作为证据，在保护其权益方面具有非常重要的意义，就此而言，档案管理是不可或缺的。如今，档案管理的发展重点是全面和深入地开展档案管理工作。

（一）档案服务方式多元化

档案利用需求的增加，使得档案服务的范围扩大，服务对象日趋复杂，从原来的机关工作查考发展到科研部门、厂矿单位，乃至个人利用。这些档案使用者不仅要求阅读原件，而且要求提供经过加工的数据型、事实型的档案信息。这就要求档案管理服务形式要灵活多变，不能只依赖传统的纸质档案。比如，当某一个单位在进行年度总结的时候，需要这一年中的大事档案，以此作为制定新规划的依据，这时候，最直观的声像档案可以多人同时进行观看。因此，加强对多种载体形式档案的管理，为受众提供多种形式的档案信息，丰富档案服务方式，是社会发展的必然需求。

（二）档案管理手段现代化

多年来，档案管理主要是手工操作，随着现代科技的持续进步，档案管理手段正日益趋向现代化，其中不乏计算机技术、缩微技术、复制技术以及视听技术等在档案管理中的广泛应用。在当今管理领域中，档案管理可以采用数字化的纸质档案，还可以采用声像档案、实物档案或者是新媒体视野下的电子档案。近期新兴的二维码档案管理手段更是方便快捷，一个小小的二维码就可以容纳几千字的档案内容。这些新技术与档案管理的融合，尤其是计算机与现代通信技术的结合，档案信息管理网络的建立，使得档案信息资源在更大范围内得以利用，其效率得到大大提高。

（三）档案管理方法科学化

传统档案管理方法只凭个人经验办事，缺乏科学理论指导，没有统一的规划，缺乏规律性，远远不能适应现代档案工作发展的需要。现代档案的特点要求对档案实行科学管理，在现代化技术手段运用于档案管理的同时，档案管理方法也逐渐向标准化、规范化方向发展。人们更多地采用法规手段管理档案，使档案管理工作有章可循，特别是系统论、信息论、控制论等现代管理科学的应用，将档案管理逐渐纳入科学的系统中。

（四）“文档一体化”管理

伴随社会主义市场经济的深入发展和科学技术的突飞猛进，特别是计算机技术、网络技术等的发展，档案管理理论和实践领域根据新的形势提出了“文档一体化”的管理理念，这是我国档案学理论深化发展的一个重要标志，也是档案工作向现代化发展的一个崭新起点。“文档一体化”系统可以整合文件管理和档案管理工作，使得文件在生成、编辑、归档和档案管理的全过程中，能够一次输入，多次输出，反复利用信息资源。一方面，在文件形成及流转过程中的每个环节，尤其是在文件转化为档案的重要环节上，都表现出了符合档案要求的特征；另一方面，档案管理必须关注文件管理阶段的若干技术细节，注重文件的形成、使用、管理对档案管理的影响，并据此需要通过特定的技术条件和技术手段，在制度与规范的支撑下，实现文档生成一体化、管理一体化、利用一体化、规范一体化，实现文件工作与档案工作信息共享、规范衔接。

现在的档案管理实行的“一体化”管理，有助于解决文件在质量上出现的物质形态不统一、制成材料不合乎质量要求、信息记录要素不完整、归档范围内的材料不齐全等一系列问题。而且“文档一体化”管理实际上也是一种资源整合，这样做可以同时实现资源节约及效益提升，减少环节、协调不当和管理流程重复等问题，从而提高工作效率和质量。

从当前档案管理发展状况来看，“文档一体化”的档案管理理念使得档案工作发生了很多新的变化，如人们对档案事业的重点已经从文件实体转向了文件生成的全过程；从将注意力放在个别文件的特质上转向聚焦影响文件生成的业务职能、活动、工作流程等；从评估文件的内在价值或研究意义到聚焦宏观审查、策划、实施工作，以选择反映其核心业务活动的文档进行保留；从对实体文件的整理、分类和保管，转向依据信息系统和文件形成者之间的联系进行整理等，可见，“文档一体化”管理已成为信息化所推行的一种管理模式，可以有效地改善档案管理的质量，有利于提高档案的规范化管理水平和信息的开发利用。

第二章　档案管理的基础工作

本章主要介绍档案管理的基础工作，包括档案收集、档案整理、档案鉴定与保管、档案检索与统计等内容。了解档案管理的基本流程与环节是档案管理工作优化的基础。

第一节　档案收集

一、档案收集工作概述

（一）档案收集工作的内容

档案收集是按照文件形成规律，将分散的资料接收、征集并集中起来，根据规定，在接收制度及专门的收集方式下，将散布在不同机构、部门、个人和社会中的档案汇总至机构档案室、国家档案馆进行归纳管理是一项必要的业务环节。

档案收集工作可以分为两大部分：第一，对于单位的档案室来说，主要是按期接收归档的文件，进行必要的零散文件收集；第二，对于各级各类档案馆来说，主要是接收档案室移交的档案，接收撤销机关档案和征集历史档案。收集工作是档案部门取得档案的手段，也是开展其他业务活动的前提。

档案收集工作的内容主要包括以下三个方面。

第一，机关、企业和事业单位的档案室需要接收本单位归档的档案。

第二，档案馆收集具有永久、长期保存价值的档案，这些档案来自所辖区域内的现行机关、企业、事业单位等。

第三，对中华人民共和国成立以前各个历史时期形成的档案进行接收和征集。

档案收集工作不是一项简单的事务性工作，而是一项政策性、业务性很强的工作。一方面，档案收集工作具有明显的选择性。文件转化为档案是有条件的，在档案收集工作中必须严格把握这些文件，在归档和接收过程中认真筛选。档案选择是按照档案部门设计的收藏范围合理并全面进行的。另一方面，档案收集工作受到许多制约因素的影响，如档案工作者的档案意识水平和价值观、档案部门的保管条件等。因此，档案部门需要进行综合研究和统筹规划，以提高档案收集工作的效率。

（二）档案收集工作的形式

在档案管理工作中，收集和积累档案及其相关资料是非常重要的一步。这是档案馆（室）的职责所在。档案收集需要采取接收、征集和寄存三种方式。

1. 档案接收

档案接收是指遵循法定原则、程序和制度，将档案移转和接收。这是档案馆和档案室获取档案资源的最基本方式。其基本内容包括两个方面：一是各级国家机关和社会组织的档案室按规定接收本机关业务部门和文书处理部门办理完毕移交归档的文件。二是各级各类档案馆依据国家法律和相关规定接收现行机关和被撤销机关的档案。

以下为接收的范围和条件。

第一，本机关工作活动中所产生的各类有价值且需保存的档案，包括科学技术档案、会计档案等，以及录音带、录像带等各种特殊载体的档案均可送交档案室保存。

第二，不同国家的档案馆在接收和保管档案时，可接收的范围并不相同。有些国家的档案馆仅接收具有永久保存价值的档案，而有些则会接收需要定期保管的档案。中国省级以上的档案馆负责接收具有永久保存价值、在立档单位存放 20 年左右的档案。同时，直辖市（州）、县级档案馆则接收那些需要永久或长期保存、在立档单位存放 10 年左右的档案。

第三，档案室和档案馆需要接收完整并按规定整理好的档案。进入档案馆的档案应当按照全宗和全宗群的规则管理，此外，不能将全宗拆散，需要保持原有全宗的完整性并保持相关全宗之间的联系。

2. 档案征集

征集分散在各个机构、不同部门、个人，以及境外的有价值的历史档案和相关文献资料，是档案馆收集工作中非常重要的补充方法。该过程可分为自发性和强制性采集两种方式。通常，人们会在双方协商的基础上，选用交换、捐赠、付费转移等方法，将档案集中存储在档案馆内。如果由于保管条件恶劣或其他原因可能导致出现价值高或保密性强的集体和个人档案严重损毁或不安全的情况，国家可以选择将这些档案征购或收购入馆，也可代为保管。

3. 档案寄存

档案寄存是指通过签订协议将档案寄存到档案馆。单位或个人在寄存档案时，仍然保有所有权并具有优先使用权和决定权，即可以决定是否允许其他人使用这些档案。在博物馆、图书馆、纪念馆等机构内收藏的文物或图书资料等，若同时也是档案材料，通常由收藏机构自行管理。

（三）档案收集工作的要求

1. 丰富和优化档案资源

丰富和优化档案室和档案馆的馆藏要求工作者在收集档案时，做到以下四点。

（1）数量充分

所谓数量充分，就是要求各级各类档案保管机构尽量补充档案数量。就现状来看，我国的档案虽然在总数量上名列世界第一，但在人均占有量上并不高，这与我国的悠久历史和社会的需求不相适应，因此，应想方设法丰富档案室（馆）藏。

（2）质量优化

所谓质量优化，就是指所收藏的档案要达到一定的质量标准，具体包括两个方面：一是档案本身的内在质量（完整性、准确性、规范性）和外在质量（档案载体及书写、印制材料应符合长期安全保管的要求）；二是档案整理的质量。只讲数量、不讲质量的收集是没有价值的。必须保证所收集的档案在将来有人使用，必须在增加数量的同时，按国家的相关标准进行收集，否则，就会出现档案数量多了，但可供人利用的却少了的反常情形。

（3）门类齐全

所谓门类齐全，就是指档案保管机构应收集各种门类的档案。在收集中不仅要收集文书档案，也要收集科技档案和其他专门档案；不仅要收集纸张载体的档案，还要收集声像、照片、电子等各种载体形态的档案。否则，档案保管机构所保管的档案就会因门类或载体的单一而缺乏吸引力。

（4）结构合理

所谓结构合理，就是指档案保管机构所收藏的档案在来源、内容等方面应该是布局合理的。档案室（馆）藏档案既要有一般性的材料，也要有各具特色的材料；既要有领导机关的材料，也要有基层单位的材料；既要有宏观材料，也要有微观材料。在收集时，既要收集档案，也要收集报刊、地方志、传记、年鉴、回忆录、文件汇编、成果汇编及其他杂志等资料。

2. 加强档案工作调查和指导

档案室需要进行调查和研究，了解本单位文件的规律和特征，并制定适当的归档准则。同时，明确接收档案的数量、质量、时间、范围等要求。为了确定需要移交的档案，档案馆需要从自身的性质和职责出发进行调查研究，了解国家机构、社会组织和个人的职能、地位、任务，以及形成档案的种类、内容、数量等相关情况。根据这些情况，档案馆将确定需要移交档案的范围、时间、数量、质量，以及所需手续。

在接收档案前，档案室应加强对有关部门的档案工作进行指导，以保证所收集档案的质量与价值。

3. 积极推行档案工作标准化

档案工作标准化要求在收集档案时控制好档案的质量。凡反映本机关主要职能活动，具有保存价值的各种门类、各种载体的档案，均应收集齐全完整；进馆档案必须以全宗为单位进行整理；进馆档案必须经过鉴定，保管期限必须准确无误；档案整理（分类、组卷、排列、编号、编目、装订等）规范；所采用的档案包装材料必须符合国家的相关要求，所编制的检索工具应符合档案工作要求，在利用档案时应做到有目可查；归档材料中的电子文件，应将其与对应的纸质文件一同归档；非光盘形式的电子文件需要以光盘的形式进行转换储存。档案工作的标准化，应该在收集时就着手推行。

4. 保持档案全宗不可分散性

全宗就是一个立档单位形成的全部档案，一个单位的各项活动是密切联系的，因此在活动中形成的各种文件材料也必然存在固有的联系。为了确保文件的完整，在收集档案时必须坚持全宗不可分散的原则，一个单位形成的档案应集中到一个档案室，不能人为分散处理。

（四）档案收集工作的意义

档案收集工作是整个档案工作中极为重要的一个环节，是档案馆一项重要的基础性工作。做好档案收集工作，对于加强国家档案资源建设、丰富馆藏资源、优化结构、建立健全档案管理体系，提高档案馆服务水平，有着重要意义。

1. 为档案机构工作奠定基础

没有档案收集工作，就不可能有完整的档案，也就不可能有健全的档案工作。收集是档案室（馆）取得档案的一种手段。档案收集工作是档案工作的起点，为档案工作提供了物质条件。

收集工作是开展档案室（馆）各项工作的关键，档案收集通过加强档案室（馆）建设来确保物质基础，促进对档案馆的利用。只有拥有丰富的档案数量，才能真正开展档案利用工作。如果档案馆的收藏品种不全，藏品量不足，就难以满足不同工作和人群在档案利用方面的需求。编研工作需要有丰富的档案作为支撑，进一步推动工作的顺利开展。只有在档案室（馆）有充足的藏品基础上，才能更好地完成其他日常工作。要对档案进行清晰、准确地整理，必须先了解众多档案材料之间的内在联系，只有这样，在海量材料的基础上，才能全面地考虑各种情况，提高整理工作的速度，为档案的利用及其他相关工作打下坚实的基础。

总之，只有做好收集工作，才能使室（馆）藏丰富，材料齐全，加强档案室（馆）各项业务建设，为提高档案工作科学水平提供必要的物质条件。

2. 维护党和国家历史的真实面貌

档案室（馆）的收藏是一些地区、部门在政治、经济、科学和文化教育等方面情况的综合反映。收集工作使得档案齐全完整，内容丰富，应该补充进馆的档案要及时接收进馆，并把散存在机关、组织、个人手中，以及散失在各地的档案材料收集补充到档案室（馆）。档案是维护历史真实面貌的重要凭证，是贯彻执行党的路线、方针、政策的重要工具，因而收集工作的作用是十分明显的。

3. 推动档案工作现代化

丰富的室（馆）藏也是实现档案工作现代化的推动力量。要实现档案工作现代化，最基本的是要有丰富的室（馆）藏和对现代化建设的迫切需要。室（馆）藏丰富，利用者便如鱼得水，这无疑会对实现档案工作现代化产生重要的推动作用。

4. 促进档案学理论发展

作为党和国家保管档案的重要场所，档案室（馆）不仅可以保护档案，而且也为档案学理论的发展提供了极其重要的贡献。如果档案室（馆）的藏品不充足，并且没有充分开展各个工作，那么就无法为档案学理论的进步和发展提供足够的实践基础。随着室（馆）藏的丰富多样，各项实践工作也变得多姿多彩，这就不可避免地带来了许多新问题和新要求，同时也出现了新的情况，这为档案学理论的发展奠定了坚实的基础，促进了档案学理论的不断进步。

二、档案室的档案收集工作

档案室的档案收集工作包括两个方面：一是接收本单位需要归档的文件，二是收集那些还没有及时归档的零散文件。归档文件是档案室获取档案的主要方式，而零散文件的搜集只是一种备选方式。

（一）文件归档工作

文件归档是将经过各单位处理的有保存价值的文件，在文书部门或承办部门归纳整理、立卷后，移交到档案室或档案人员处的过程。实际上，在某个单位内，文件归档需要由文书部门和档案部门两个部门共同协作完成。在文件分类整理过程中，文书部门需要对已处理的文件进行检查与整理，接收文书部门交接的卷宗是档案部门在文件归档中的任务。

1. 归档制度

由于文件归档的结果不仅关系到单位档案是否齐全，也关系到国家能否完整地积累档案，所以，国家制定了归档制度，要求各单位贯彻执行。

（1）归档范围

需要归档的文档材料：描绘本机构主要职能和基本历史面貌的文档材料，对本机构工作、国家建设和历史研究具有实用价值的文档材料；在机关工作中产生的，具有证明国家、集体及公民权益等方面价值的文件和材料；本机关需遵循执行上级机关和同级机构的文件；上级机关收到由下级机关递交的关键性文件资料；其他有助于本机关工作的文献资料。

无须进行归档的文件资料有：上级机关发布的与本机关工作无关且不需要处理的文件资料，针对非本机关工作人员的任免、奖惩等文件资料，供参考使用的副本资料等；本机关无查考利用价值、非事务性、非临时性文件、各个版本的修改稿和校对稿；无须处理的人民来信和电话记录；机关内部互相抄送的文件和与本机关无关的负责人兼任外单位职务所形成的文件；同级机关的文件材料中，无须执行的文件材料及无须抄送的文件材料；下级机关提供的简报、情况反馈，以及被抄送或越级抄送的文件材料。

在进行文件归档工作时，档案室应当注意以下几点要求。

第一，在归档机关所需的纸质文件材料中，文件的发文稿纸和文件处理单需要与文件的正本和定稿一同归档。

第二，如果多个机关联合召开会议或联合起草文件材料，那么主办机关归档原件，其他机关则会归档复制件或其他形式的副本。

第三，遵照国家相关规定，对机关产生的人事、基建、会计及其他文件材料的归档范围和保管期限进行规范，并加以落实。

第四，将电子文件的归档范围扩大到包括元数据和背景信息，以确保完整保存归档文件。

（2）归档时间

归档时间是指单位的文书部门向档案部门移交归档案卷的时限。单位的文书部门或业务部门一般应在次年 6 月底以前将案卷移交给档案部门。

（3）归档要求

归档要求是单位的文书部门向档案部门移交案卷时应达到的质量要求，也是档案部门接收案卷时的验收标准。应该从下列几个方面检查归档文件的质量：存档的文件必须完备无缺；遵守文件形成的规则，确保文件之间的内在联系并区分它们的不同价值，以方便管理和使用；系统已经对卷内文件进行整理并编制目录；确保案卷封面填写完整，案卷标题准确无误，案卷排列有条不紊，编号准确无误；已经制作了详尽的档案清单，并包含相关文件；需要对损坏的文件进行修复，而对于字迹不清晰或文档使用的载体存在问题的情况，则需要进行复制处理；归档文件所用的纸张和装订材料等需符合档案保护标准。

2. 归档程序

在归档时，文书部门向档案部门移交案卷应按如下程序履行手续：档案部门需要检查和核实案卷目录及卷内文件目录，以确定案卷和文件的数量；档案部门应当按照归档要求检查案卷的质量；如果发现案卷不符合要求，则应要求文书部门重新整理和加工；当案卷检查通过后，需要填写案卷移交清单，并由双方进行签字确认。

为了记录移交清单的信息并方便未来检索，应该填写三份相同的移交清单。其中一份存放在文书部门或业务部门存查，另外两份归档保存，成为检索工具和全宗卷的重要材料。

在单位工作中产生的、处理完毕的、具有保存价值的文件，经立卷归档正式移交给档案部门后，即转化为档案，进入档案管理阶段。

（二）其他相关工作

就归档工作而言，从程序上看，档案室或档案人员只需执行案卷的接收工作。然而，为了确保将档案完整、齐备地集中在档案部门，档案室或档案人员需要注重文件形成、运行、建卷和归档的全过程，以把控质量。因此，在收集资料的过程中，档案室或档案人员需要履行以下职责。

1. 监督文件形成过程

文件生成是实现档案管理的起点。在实际工作中，一些单位因对文件的形成重视不够而造成档案不完整的情况。因此，必须努力确保收集所有有保存价值的文件，并关注文件形成和处理的进程。需要留意的是，要掌握本单位是否有相关的电话记录、会议记录及活动记录的规定，以及本单位的文书工作安排准则是否规范等。

当发现本单位在文件形成和管理过程中存在问题时，应及时向有关部门或领导反映，提出改进的建议。同时，在发现文件形成的漏洞之后，应该尽量采取补记、补录、补拍等措施补救，以保证重要文件的完整。

2. 督促归档制度落实

从根本上说，虽然一个单位归档制度的建立和推行是领导者的责任，尽管文件归档的结果需要档案部门来接收，但组织的档案部门和档案管理员都要尽责，以帮助领导者落实归档制度，可以从以下三方面协助领导：第一，参与制定归档制度、确保归档程序得到正确执行；第二，进行归档制度的宣传工作，以便让单位的员工领会归档制度的内涵和要求。例如，可以在宣传展示窗口张贴归档制度和档案利用规定，表扬那些工作出色的归档部门和个人等；第三，需要对单位的归档制度执行情况进行检查，并及时提出意见来解决问题。

3. 指导立卷归档工作

档案室或档案管理人员对文书立卷归档的业务指导工作包括如下内容。

（1）协助单位确定立卷地点和分工立卷的范围

立卷地点是指一个单位应该由哪些部门或人员具体完成文书立卷工作，是在组织上落实直接责任部门或人员。分工立卷范围是指各种内容的文件应该由哪些部门或人员负责立卷，这是为了避免文件重复立卷或遗漏立卷的情况发生。

在确定立卷地点和分工立卷范围时，我们可以有两种选择：第一，单位内部各部门处理完毕的公文，均集中到办公厅（室），由办公厅（室）的文书人员负责立卷工作。一些内部机构少的小型单位，其立卷工作则由专职或兼职的文书人员承担；第二，根据规定的分工范围，由办公厅（室）与各职能部门及其专兼职文书人员分别承担相关文件的立卷工作。例如，办公厅（室）负责方针政策性的、全面性的、重大问题的文件及以单位名义发出文件的立卷；单位的科研、生产、营销等部门负责相关业务性公文的立卷。

除了上述两种立卷形式外，对一些业务部门形成的专门文书，还可以采取单独立卷的方式，如会计、统计、人事、科研、保卫等部门形成的业务文书，由这些部门指定专人负责立卷。

（2）参与编制文件立卷方案

立卷方案包括文件分类表和立卷类目两个部分；有时这两个部分可以各自单独构成文件，有时则可以作为一份文件。

立卷方案是对文件实体进行分类和组卷时所参照的具有可操作性的作业指导书，是文书人员进行文件分类和组卷的蓝图。档案室或档案管理人员参与编制立卷方案的工作，有利于及时将国家的有关规定和档案管理的要求体现在文件中，从而保证文件分类、立卷的合理性和系统性。

（3）指导立卷操作业务

立卷操作就是对归档文件进行系统整理，使其形成有序的保管体系的过程。在这个过程中，档案室或档案人员有责任深入立卷工作现场，指导立卷人员运用立卷标准正确地对归档文件进行分类、组卷、编写文件号／页号、编制卷内文件目录和备考表、填写案卷封面、编写案卷目录等，及时解决立卷中出现的疑难问题。

应该强调的是，档案信息资源建设的不断深入和计算机数据化发展，对档案基础数据真实性、充足性、完整性和准确性的要求越来越高，而相当一部分基础数据是在文件形成、运行和归档的过程中形成的，如发文字号、分类号、归档号、文件标题、责任者、形成时间、密级、文件号、页号、案卷标题、案卷号、保管期限等，因此，档案人员对立卷操作进行业务指导时要特别注意把好数据关，确保应标明在文件、卷内文件目录、备考表、案卷封面、案卷目录，以及相关资料上数据的完整、准确。

（4）检查归档案卷质量

在立卷过程中，档案室或档案管理人员应该进行阶段性的案卷质量检查，发现问题及时整改。在立卷工作结束后，档案室或档案管理人员还应进行终结性检查，以从总体上把握案卷质量。

4. 收集零散文件

这里提到的零散文件是单位没有及时归档的文件。出现零散文件的原因有：一些会议文件、内部文件可能因未进行收发文登记，在归档时被遗漏而变成零散文件；一些执行部门或工作人员未按时归还文件等。尽管单位已经制定了归档制度并推行常规的归档工作，但受到多种因素的影响，仍会出现零散文件的情况。档案室和档案管理人员应该采取措施对散乱的文件进行收集。收集分散的文件可以有以下做法：第一，针对单位内部机构的调整、领导干部职务调动等情况，收集分散在部门或个人手中的文件；第二，整合单位的管理评价、安全检查等工作，开展文件整理和收集工作；第三，可编写单位大事记、组织历程等参考资料，有目的地收集一些分散的文件。收集零散文件是一项不可忽视的工作，不能视为次要任务，应纳入正式工作安排，并有相应的制度保障。可以帮助单位领导制定会议文件归档制度和干部离任档案移交制度等文件归档制度，使得文件的收集工作变得有章可循，从而有效地保证了档案的完整性和齐全性，促使工作人员主动去处理这些零散文件。

三、档案馆的档案收集工作

国家设立的各级各类档案馆应当存储那些被各单位认为对国家和社会有保存价值，需要长期保存的档案。收集档案的方式可分为以下两种：接收现行机关的档案、接收撤销机关的档案。必要时，档案馆之间需要进行档案交流。

（一）接收现行机关的档案

1. 接收范围

我国各级档案馆接收档案的范围：中央级与省级（自治区、直辖市）档案馆负责接收本级现行机关、团体及所属单位具有永久保存价值的档案，省辖市（地、州、盟）和县级档案馆负责接收本级现行机关、团体及所属单位具有永久和长期保存价值的档案。各级各类档案馆的收集范围如下。

（1）各级综合档案馆的收集范围

第一，收集本级下列组织机构的档案：中国共产党中央委员会及其所属各部门；人民代表大会及其常设机构；人民政府及其所属各部门和单位；人民政协及其常设机构；人民法院、人民检察院、各民主党派机关、工会、共青团、妇联等人民团体、国有企业和事业单位。

第二，以上机构的下属单位和临时机构的档案可全部或部分移交至各级综合档案馆。

第三，乡镇机构档案应纳入县级综合档案馆的收纳范畴。

第四，综合档案馆应当收集本行政区内的重要活动和事件的档案，以及与公众生活息息相关的专业档案。

第五，在经过协商并达成一致意见的情况下，综合档案馆有权搜集或代为保管本行政区内组织、家庭和个人所产生的对国家和社会具有价值的档案资料。此外，综合档案馆也可以通过接受捐赠或购买等方式获取这些档案资料。

第六，中华人民共和国成立前本行政区内各个历史时期政权机构、社会组织、著名人物的档案列入综合档案馆收集范围。

（2）各级专门档案馆的收集范围

不同级别的专门档案馆负责收集其所在行政区域内某一特定领域或以特定形式保存的专门档案或档案复印件。

（3）各级部门档案馆的收集范围

各级部门档案馆收集的范围是本部门及其下属单位所产生的档案资料，然而，由于行政管理职能的档案需要遵守相关规定，因此，必须定期移交至综合档案馆。

（4）国有企业、事业单位设立档案馆的收集范围

国有企业和事业单位设立档案馆的职责包括：收集由该单位及其附属机构产生的档案资料。国有企业破产改制、事业单位撤销等情况下，根据相关规定，可以将其档案移交至本级综合档案馆收存。

为适应信息化建设的趋势，档案馆需获取数字化副本，涵盖电子档案和纸质档案。在符合国家灾害备份标准的前提下，可创建电子文件备份中心，以进行电子文件备份的工作。在进行档案收集时，档案馆应当同时收集能够增进档案内容和立档单位历史认知的资料，并且收集必要的专用设备，以协助档案的管理使用。

2．接收期限

国家档案馆的收录范围分为中央、省、设区的市级、县级等级，对属于中央和省、设区的市级国家档案馆收录范围的档案，立档单位应自档案形成之日起满20年后，将其移交给相关的国家档案馆；对属于县级国家档案馆收录范围的档案，立档单位应在档案形成之日起满10年后，将其移交给相关的县级国家档案馆。专业性较强或需要保密的档案，经过同级档案行政管理部门的检查和批准后，可以将移交给有关档案馆的期限延长；还可以提前将已注销单位的档案或因恶劣保管条件而存在安全隐患或遭受严重损害的档案移交给相关档案馆。

3．接收要求

接收档案的档案馆必须满足以下要求：第一，所接收的档案必须是完整的全宗，并且需要进行彻底地整理，以满足国家规定的质量标准；第二，在档案管理工作中，档案的目录、组织历程、全宗简介，以及相关检索工具都应该与档案一起提交给档案馆；第三，进行档案移交的双方需按照移交目录进行确认和核对，并签字盖章在交接文件上，严格履行移交程序；第四，档案馆在接收档案之前，应该深入接收单位调查、了解有关接收情况，制订档案接收方案，进行接收的人力组织与物力准备工作，确保接收工作有条不紊地进行。

（二）接收撤销机关的档案

在社会活动中，经常会发生单位调整、变动等情况，此时会形成撤销机关的概念。当一个单位解散，代表着其活动中止。撤销机关的实际存在在历史上能得到证实，其历史价值应当被尊重。因此，撤销机关的档案需要得到妥善的保管。

处理撤销机关档案的基本准则如下。

第一，机关撤销或合并时，撤销机关应负责组织人力对档案进行清理、鉴定和保管，不得分散、毁弃或丢失档案。

第二，有机关被撤销或者业务被分别划归到多个机关的，它们的档案材料不能被分散保存。这些档案材料可以由其中一个机关代管，或者移交给相关的档案馆。

第三，一个机关被合并到另一个机关中，或者几个机关合并成一个新的机关，那么它们的档案资料应该移交给合并后的机关代为保管，或者移交给相关档案馆。

第四，一个机关的一部分业务或者一个部门被划归到另一个机关时，相关档案材料不应带入接收机关，如果接收机关有必要使用这些档案资料，能够进行借阅或复制。

第五，在机关撤销或合并时，尚未处理完的文件材料可以移交给新的机关处理，并成为新机关的档案加以保留。

第二节　档案整理

档案实体系统化、有序化的整理工作也可称为档案的整序，它主要是通过分类来进行的。整序的过程就是对档案实体分分合合，将它们分层次组成全宗群，全宗、系列和案卷（或保管单位）并进行排列的过程。

一、全宗和全宗群

（一）全宗与全宗群概述

对档案整理而言，划分全宗是至关重要的。这不仅是因为档案信息的内在联系最初是体现在全宗这个级别上的，还因为全宗是档案管理的基本单位。衡量文件的价值以决定是否选择它们进行归档，是以全宗为基础进行的；为档案编目，保管、交接档案，也都要按全宗进行。全宗在馆藏建设和对档案实体施行控制的过程中有举足轻重的地位。

全宗反映了一个单位或个人活动的全过程。同时，全宗也是档案馆（室）对档案进行科学管理的基本单位。

1. 全宗及其区分

区分全宗实际上就是将产生于同一活动过程的档案集中在一起，以便使它们与其他各类档案区别开来。科学地确定全宗的构成方式是区分全宗的前提，而全宗的构成方式是指全宗围绕什么样的核心（主体还是客体）形成，因此，确定全宗的构成方式实际上就是在判断全宗范围和界限的基础上，确定全宗是围绕什么中心形成的。

然而，任何人类活动都是主体、客体之间相互作用的复杂过程，站在不同的角度，按不同的标准观察分析，对活动过程和文件据以形成的核心就必然会有不同的理解，会得出不同的结论。机关档案室档案之所以应构成主体全宗，就是因为站在现行机关的立场上，必然把由本机关进行的全部活动看作以本机关主体为中心进行的完整活动过程。但是如果站在更宏观的角度，即站在档案馆的立场上，从全社会的范围观察分析，对此又可能会有不同的认识，而且不同类型的档案馆的服务目标和担负的任务不同，所体现的社会需求和用户整体利益也不同。站在它们各自不同的立场上，分析形成全宗的人类活动过程和全宗本身的构成方式，其结论必然不尽一致。

具体来看，立档单位不是固定不变的，由于社会的发展、事业的进步，常常引起一些机关的增设、撤销或合并，这些发展变化常常给全宗的划分带来一些新的问题，需要在实践中认真对待。这就要求在具体划分时应该研究立档单位的各种变化情况，辨别哪些变化是根本性的，应当产生新的立档单位和全宗；哪些变化是非根本性的，不应成立新的立档单位和全宗。

区分全宗的依据主要有以下几个。

（1）政权更迭及跨政权立档

不同政权中的政府性质立档单位，虽然职能相近或相同，但因所属政权的差异，名称会有一定的差别，因此绝不能将跨政权的同一职能的立档单位视为一个单位，同样，它们的档案也不应构成同一个全宗。不同组织中非政府性质的立档单位，如学校、社团等，它们的档案可以构成一个全宗，但在具体的管理中应将它们按照所属政权的时间分为不同部分。至于个人全宗，不管其立档单位或个人是否跨政权存在，也不管他们的职业等是否会发生重大变化，其档案都应构成一个全宗。

（2）临时性机构档案

各种临时性机构形成的档案，一般不设立新全宗。因为临时性机构的业务往往属于某机关或若干机关业务范围之内，存在的时间不长，形成档案的数量不多。个别的临时性机构独立性较强，存在时间较长，其档案也可以考虑成立新的全宗。

（3）立档单位变化

在立档单位政治性质无根本变化的情况下，主要分析基本职能是否有根本变化。

①新建

新建立的机关、事业单位，它们的档案可以构成一个全宗。例如，2017 年银川市成立了银川市和辖区综合执法（监督）局这个新的单位，负责本市综合执法，此后，银川市和辖区综合执法（监督）局的档案便可以构成一个新的全宗。

②独立

某一个单位原属一个立档单位，但后来这个单位被分离出去，负责原立档单位的部分职能，从它独立之后，它所形成的档案就可以构成一个新的全宗。例如，某一公司原本隶属于母公司，后来被分离出来，从它独立后，它所形成的档案就可以构成一个新的全宗。

③合并

由两个或两个以上的撤销单位构成一个新的单位，这个新的单位一般与其原单位虽然前后存在一定联系，但在职能上却有明显差异，它们所形成的档案也应构成一个新的全宗。例如，我国在机构调整时，将粮食部和全国供销合作总社合并到商业部，这样粮食部、全国供销合作总社与商业部的档案应分别构成全宗。

④分开

当一个机关、单位被分割为两个或两个以上的单位，原来的机关、单位在分割之前应构成一个全宗。分割后形成的新机关、单位分别构成不同的全宗。例如，原北京市电子仪表工业局，在我国机构调整时撤销，分别成立了新的单位，这些新成立的单位所形成的档案，应分别构成新的全宗。

⑤合署

当两个单位合署办公，但其文件又是分开处理时，它们所形成的档案，应分别构成全宗。例如，某市的纪委和监察局合署办公，但它们的文件又是分别处理的，它们所形成的文件也应构成不同的全宗。

⑥从属

当某一个立档单位由于工作的需要，后来变为某一个机关内部的组织机构时，改变之前形成的档案为一个全宗，改变后形成的档案为另一个全宗的一部分。例如，国家高等教育部（简称高教部）原为一个立档单位，后来变为教育部的内部机构——高教司。改变前为高教部全宗，改变后为教育部全宗的一部分。

（4）组织全宗与个人全宗档案

个人全宗与组织全宗中的档案在有些情况下会出现交叉现象，也就是说某些档案既有一定的个人属性，又体现出自组织属性，如某个单位领导以个人名义发表的文件。对于这种情况，一般采用以下的处置方式：凡是以组织的名义制发的文件都应归入组织全宗，个人全宗如果有必要，可以保留副本；组织全宗中不保存个人性质的文件，如个人自传、对个人情况的调查文件等；绝不允许将具有组织与个人双重性质的档案文件抽出归入个人全宗中。

2. 全宗群及其划分

联系密切的若干全宗的群体，称为全宗群。在我国，全宗的组织常常通过组建全宗群来体现和维系全宗之间的联系。各个立档单位的工作活动不是孤立的，而是互有联系的，因此，一定的全宗之间也就有了必然的历史联系，这种具有时间、地区、性质等共同特征的，有密切联系的若干全宗的组合体，称之为全宗群。具体来说，全宗群是由多个具有相同性质的立档单位在同一时期或地区形成的一个群体，可以在纵向和横向方向上进行研究。建立全宗群的目标是为了保护同一类型或专业体系内数个全宗档案的不可分割，并且保持这些档案资料在更广阔的历史背景下的联系，促进开发利用和管理。

为了便于保管和利用，应该把互有联系的全宗组织到一起，维护一定类型全宗的不可分散性。全宗群首先按照档案形成的不同时期分为几大部分，如中华人民共和国成立前的档案和中华人民共和国成立后现行机关的档案，然后每一部分再按立档单位的类型和特点，对全宗进行细分。比如，按照立档单位的性质，把档案分成工业交通系统，农林水利系统，财政、金融、商业贸易系统，科学文化、教育、卫生系统等，或者按区域分类，分别组成全宗群。全宗群分类一般应和档案的分库保管相一致，一个或几个性质相近的全宗群应当集中保存在相同的档案库房内。

全宗群不是具体对档案进行整理和统计的一个固定的实体单位，而是在档案管理中起指导和组织作用的一种形式和方法。

（二）全宗的编号

各个档案馆都保存有一定数量的全宗，为了便于各项工作的开展，除了要对全宗进行一定的组织外，还应给每个全宗编一个代号，称为全宗号。

全宗号是档号的组成部分，在档案数量、全宗数量增加，以及检索工作发展的情况下，全宗号对于档案系统化整理、编目、检索有十分重要的作用。

1．全宗编号规则

第一，对全宗进行编号，要考虑馆藏全宗的特点及管理的方便。根据全宗的类型和数量合理编号。

第二，应为新全宗的编号留有余地，避免因新入馆的全宗打乱整个编号体系。

第三，全宗号应力求简洁，方便实用，不能过于烦琐。

第四，全宗与全宗号之间一一对应，一个全宗只能有唯一的一个号码，便于统计和检索。全宗号数应能如实反映馆藏全宗数量和档案出处。

第五，已编好的全宗号不得任意更改，应保持其稳定。即使某一全宗的全部档案都已移出，该全宗号亦不得挪作他用，以免发生混乱。

2．全宗编号方法

对全宗编号的方法有很多且各不相同，归纳起来主要有序时流水编号法和体系分类编号法两类。序时流水编号法是按全宗进馆时间的先后顺序编号。这种编号方法简单实用，比较客观，适合全宗量不大、全宗类型较单一的档案馆采用。体系分类编号法是对全宗先进行一定的分类或分组再编号。这种编号方法逻辑性、系统性强，层次分明，能反映全宗本身的性质和特点，但编制较复杂，其号码不易分辨和记忆。这种编号方法适合馆藏全宗数量大，全宗的时间、地域跨度大，类型复杂的档案馆采用。这两种全宗编号方法各有其优缺点，具体应采用哪种方法来编号，档案馆应依馆藏全宗的状况而定。

全宗的编号与全宗在库房内的实际排列顺序有时一致，有时不一致。在一些规模较大、馆藏数量较多的档案馆，不一致的情况居多。全宗的排列可按全宗号顺序排列，也可按立档单位的历史时期、性质、所属系统、地区，以及立档单位名称的音序或笔画排列。在我国，通常按全宗群来排列，即把同一时期、同一系统或相同性质的全宗排列在一起，以保持同类全宗之间的联系。一般来说，全宗的排列方法和次序对全宗的编号无决定性影响，当全宗在库房中的排放根据保管需要有所变动时，并不需要改变全宗号。但全宗号作为查找档案出处的一种手段，若与全宗的实际排列顺序相一致，则有利于迅速找到所需档案。

（三）全宗内档案的分类

1. 全宗内档案系列的划分

划分系列在全部档案整理程序中是承上启下的环节。它不仅深化了由区分全宗开始的整序过程，而且为立卷及案卷排列等工作奠定了基础。分类必然是一个由总到细，由一般到个别的逻辑过程，如果不先分系列（或者说如果不事先拟订出全宗内的分类方案和分类规则并使文件据以自然地归类），反而先自下而上盲目地将文件组合堆砌成卷，势必造成各卷文件之间的交叉、重叠、混乱，以至于无法检索利用，使编目和统计难以进行。

划分系列包括选择分类方法、制订分类方案和分类文件等具体内容，它是在区分全宗的基础上进行的。两者的区别在于：区分全宗，其立足点是从宏观角度出发，重视整个档案馆的收藏和管理，并旨在确保档案记录是同一活动过程的，保持其完整性；划分系列是从微观角度出发，针对某一全宗内的全部档案进行管理。其旨在解决全宗内文件数量庞大、内容混乱、无法有效检索的问题。划分系列将档案分门别类，按照相互联系、层次分明、结构严谨的原则进行分类管理，以便提供系统化的档案利用。

2. 全宗内档案分类的原则

全宗内档案分类应当遵循科学客观、符合逻辑的原则，以准确体现档案的形成特征和规律。以下是具体的分类准则。

第一，依据全宗的特性和特征，确定相应的分类准则。通过准确地展现档案之间的内在联系，可以确保整个分类系统具备客观性并构成一个完整有机的整体，而这个系统能够精准且生动地反映出立档单位的活动面貌。

第二，类目名称应该表述清晰、明确，具备系统性，并且有合理的分类顺序。为确保类别的一致性，需要对类目所指的范围和分类方法进行详细说明。

第三，分类层次简明，类目不宜过细、过多。一般来说，类目划分到二级至三级，使之能包容一定数量的案卷。另外，划分类别时应留有伸缩余地，以便随实际需要增加或减少类别。

第四，分类体系的构成应具有逻辑性，遵守逻辑划分规则。一次分类只能使用一个分类标准，子类外延之和正好等于母类外延，子类之间必须界限清晰，不能互相交叉，类目概念应明确。

3. 全宗内档案的分类标准

全宗内档案的分类标准主要有文件的时间、来源、内容、形式四种，每一标准下又有不同的分类方法。

（1）按文件产生的时间分类

按文件产生的时间对全宗内档案进行分类，可用年度分类形成不同年份的档案，也可按立档单位在发展过程中形成的不同时期（或不同阶段）形成不同的档案类别。

（2）按文件的来源分类

按文件的来源对全宗内档案进行分类，可按立档单位的内部组织机构形成不同机构的档案，也可按文件的作者形成不同类别的档案，还可按与立档单位有较稳定的来往通信关系形成不同档案类别。

（3）按文件的内容分类

按文件的内容对全宗内档案进行分类，可按文件内容所说明的问题（事由）分类，也可按文件内容所涉及的实物分类，还可按文件内容所涉及的地理区域分类。

4．全宗内档案分类方案的编制

全宗内档案分类的表现形式是分类方案，它是用文字或图表形式表示一个全宗内档案分类体系的一种文件。当选用了某种联合分类法以后，就应该编制一份分类方案（又称为分类大纲）。分类方案的编制，应该注意以下几点要求。

（1）排斥性

分类方案中同级的各类地位相等，内容互相排斥，分类的范围必须明确。比如，按问题分类，所设问题各类地位相等，不能相互包括。第一类中设教育类，同位类就不能再设高等教育、中等教育类，因为教育类包括高等教育、中等教育……只能把它们设为属类。同级中设有人事类，就不能再设干部任免类，同样的道理，既然设财务类，也就不能再设经费类。

（2）统一性

在编制分类方案时，首先要确定采用何种分类方法。第一级采用哪种方法，第二级采用哪种方法，都应明确规定、标示清楚。而在同一级分类中，不能同时并列采用两种以上分类标准。比如，第一级分类是采用年度分类，就不能同时并列组织机构或问题名称。如果是采取两种分类法的联合，那么不仅分类的第一级是统一的，第二级也应该是统一的，如采用年度——组织机构分类法，第一级分类是年度，第二级分类是组织机构。

（3）伸缩性

档案是社会实践活动的产物，而社会实践活动是丰富多彩的。工作内容时而增加，时而减少，组织机构时而撤销，时而合并，因此，分类方案中的各类，均应留有伸缩的余地来增加或减少类别，以适应客观变化的需要。

为了使分类方案编制得科学、实用，在编制分类方案前还应该做好调查研究工作，查阅有关材料，了解立档单位的业务范围。对于立档单位的组织章程、办事细则、工作计划与总结都要认真分析研究，从中了解和掌握立档单位的工作性质、职权范围、业务职责，以便决定采取合适的分类方法。参考本单位原有档案，如果本机关已有旧卷，应该对原有档案分类基础作周密研究并吸取其合理部分，以补充与修正现有档案的分类方案；还应多方征求意见，经机关负责人批准施行。科学而实用的分类方案的形成，必须及时征求文书与业务承办人员的意见，因为他们对文件的内容比较熟悉，尤其是经办人员对事件、问题的处理过程更加了解。分类方案实施以后，往往发生文件与分类方案不尽相符的情况，造成分类困难，工作人员应该随时交换意见，对分类项目或增或减，清除障碍，交负责人审核批准。

二、立卷和案卷排列

（一）立卷

全宗内档案分类并不以划分系列为其终结点。一个系列内众多的文件决定了必须进一步分类，才能使人们更加便捷地检索、利用某一份文件。这种分类往往是通过立卷实现的。

档案不同于图书，单份文件是零散的、大量的，一般不宜作为独立的保管单位，而且，文件之间常有密切的联系，若将有联系的文件随意分开，将会导致其失去原有价值。所以，人们在整理档案时，将若干互有联系的文件组合成的有机整体称为案卷，将文件编立成案卷的过程称立卷或组卷。

案卷是组成全宗的基本单位。立卷是档案整理工作的重要基础。立卷工作的好坏、案卷质量的好坏，是衡量档案整理工作水平的重要标志。

立卷工作的内容包括组成案卷单位、拟写案卷标题、卷内文件的排列与编号等。目前，我国文书档案基本的立卷方法是“六个特征立卷法”，即根据文件在问题、作者、时间、名称、地区和通讯者六个特征方面的共同点将文件组合成案卷的方法。比如，把同一个作者的文件组成一卷；把同一个会议的文件组成一卷等。按照文件的六个特征立卷时，一般不单一地采用某个特征组成案卷，而是综合分析文件之间的关系，选择其中最能说明客观情况的几个特征作为组卷的依据。例如，“××总公司关于2022年产品销售问题的调查报告、策划方案”，是作者、时间、问题、文种四个特征相结合组成的案卷；“××省水利开发公司关于××

地区水利资源情况的调查报告”是作者、地区、问题、文种四个特征相结合组成的案卷。

此外，在实际工作中还有一些其他的立卷方法，如将文件按照“事”或“件”组卷的“立小卷法”及“四分四注意立卷法”等，都具有各自的特点，也是比较适用的立卷方法。

（二）编制卷内文件目录

卷内文件目录是固定立卷成果、揭示卷内文件内容、检索卷内文件的工具，应放在卷文件之首。从性质上分析，编制卷内目录属智能控制范畴。如果用计算机编目，应该先对每份卷内文件进行著录，然后将著录结果按档号排序，以卷为单位打印成书本式目录，即成卷内目录。在手工条件下，这道工序可暂时按传统习惯进行，即在案卷编好页码后，于专门印制的表格上，按照排列的顺序，对每份文件逐项著录。其著录项目一般包括文件责任者、文件标题（或内容摘要）、文件字号、文件日期、文件份数、文件在卷内的页码、备注等，其格式如表 2–2–1 所示。

表 2–2–1　案卷目录表

序号	文件责任者	文件标题	文件字号	文件日期	文件份数	文件在卷内的页码	备注
1							
2							
3							

（三）案卷排列与编号

全宗内档案（或档案馆、档案室接收的案卷）经分类、立卷以后还必须进行系统的排列。全宗内各类的序列已在分类方案中排定，所以通常所说的案卷排列，就是根据一定的方法，确定每类内案卷的前后次序和排放的位置，保持案卷与案卷之间的联系。案卷排列方法有以下几种。

第一，按照案卷所反映的工作上的联系排列。

第二，按照案卷内容所反映的问题排列。

第三，按照案卷的起止日期（时间）排列。

第四，按照案卷的重要程度排列。

第五，按照文件的作者、收发文机关，以及文件内容所涉及的地区排列。

第六，人事档案或监察、信访等按人头立成的案卷，可以按姓氏笔画、汉语拼音字母顺序或四角号码等方法排列。

上述几种排列方法可以单独使用，也可结合使用。对于不同类型、不同保管期限的档案，在案卷排列中应予以区分。

案卷排列完后应按排列次序编上案卷号，固定案卷的排放位置，案卷号作为档号的组成部分可提供案卷的出处。现行单位大多采取一个组织机构的案卷每年编一个顺序号的办法，或是整个单位一个年度的全部案卷编一个顺序号。历史档案、撤销单位的档案不再形成新的档案，可把一个全宗内所有的案卷统一编号。

三、编制档号

档号是档案馆（室）在整理和管理档案过程中，以字符形式赋予档案的代码，档号主要是表示类别及其相互关系的一组符号。在档案的整理、统计、检索、提供利用，以及库房日常管理等业务活动中都要运用和借助档号。档号不仅对档案的管理和利用有着现实的、制约的作用，而且对档案工作的规范化和现代化管理也是不可忽视的一个方面。各立档单位在编制档号的实践中，可参照行业标准《档号编制规则》（DA/T 13—2022）执行。

第三节 档案鉴定与保管

在档案管理中，档案鉴定与保管是两项十分重要的内容。精细的档案鉴定可提升档案品质，以确保其安全、妥善保存，并更高效地加以利用。有效的档案保管工作可以确保档案的完整和安全，预防或减少由自然和人为因素导致档案的损害，并延长档案的寿命。这为档案工作提供了可靠的实质支持。

一、档案鉴定工作

（一）档案鉴定工作的内容

档案鉴定工作包括档案的价值鉴定和档案的真伪鉴定两个方面的内容，而目前档案界所称的档案鉴定主要是指档案的价值鉴定，即各个档案机构按照一定的原则、标准和方法来鉴别和判定档案的价值，确定档案的保管期限，并据此销毁失去保存价值的档案的工作[①]。

通常情况下，档案鉴定工作包括以下几个方面。首先，需确定一套公共的衡

---

① 杨红．档案管理理论与实务[M]．上海：上海教育出版社，2016．

量档案价值的标准，同时列出各类档案存放的时间清单。其次，需要对档案的保管期限进行划分和确定，以便准确评估档案的保存价值，并确保不同保存价值的档案得到合适的保管。最后，需要识别并删除或处理掉那些没有保留价值的文件或资料。

（二）档案鉴定工作的要求

第一，应从国家和社会的整体利益出发去判定档案的保存价值。档案鉴定工作是一项直接关系到一个国家和民族的社会历史记忆能否得到有效维护、传承和保护的重要工作，应从国家和社会的整体利益出发，科学地组织和开展。那种只考虑本单位利益，而忽视国家和社会整体利益的档案鉴定思想是十分有害的。因为，每个立档单位之所以会保存档案，其直接的动力来源是保障本单位业务工作的可持续进行，留存足够的业务活动证据和法律所要求的证据，同时也为保证本单位业务活动的壮大留存那些具有参考价值的文件和记录。

但是，随着时间的流逝和立档单位的业务发展，原来留存的档案就会逐渐失去其业务证据价值和业务参考价值，这时立档单位继续保存这部分档案的原动力就不存在了。如果单位、组织或个人只考虑自身利益，没有对国家或民族的整体利益进行关注，那么结果就是整个社会的历史记忆会逐渐“消退”。为此，在开展档案鉴定工作时，尤其是在对保存期满的档案进行定期鉴定时，各立档单位和国家档案管理部门只有遵循从国家和社会的整体利益出发去判定档案的保存价值的原则性要求，才能保证我们国家记忆、民族记忆、社会历史记忆的相对完整性，才能保证我们民族文化的长久传承和发展。

第二，应采用全面的观点指导档案鉴定工作。不谋全局者，难以谋一域。所谓用全面的观点指导档案鉴定工作，站在档案保存单位的角度来看，需要全面考虑影响档案保存价值的各种因素，并对档案的保存价值做出综合判断。此外，在考虑档案保存价值时，应该以社会需要为出发点，而不是仅以一个机构、部门或个人的需求为准。从整个国家档案资源体系建设的角度来看，全面进行档案鉴定工作是必要的，因为只有这样才能实现资源的最大化利用和优化整体效益的目标。如何有效地消除全宗之间的“档案重复留存”问题，关键办法之一就是在档案鉴定工作中切实采用全面的观点，通过有效的整体控制手段和措施来实现。用全面的观点指导档案鉴定工作，有助于档案鉴定人员从整体上把握和认识有关全宗、类别（系列）、案卷的保存价值，避免孤立地判定每一份文件的保存价值。

第三，应采用历史的观点指导档案鉴定工作。档案是历史记录，具有鲜明的历史时代性特征。那种只从现实需要出发判定档案保存价值的思想和行为，会给人类社会档案记忆的完整性和连续性造成极大的损害。在鉴定档案价值时，坚持历史的观点，就是要根据档案产生的历史条件及其在历史上的作用，科学地评价其对维护人类社会历史记忆的有用性，确定其保存价值。在档案鉴定工作实践中，坚持历史的观点，就必须坚决反对片面的实用主义观点。

第四，应采用发展的观点指导档案鉴定工作。在进行档案鉴定工作时，需要站在发展的角度思考问题，优化档案管理，以便更好地管理大量档案并提高档案利用率。档案的保存不仅是现实社会存续和发展的需要，也是子孙万代生存与发展的需要。档案鉴定工作人员应具有一定的预测未来社会发展需要的能力。随着数字时代的到来，一些在纸质档案占统治地位的时代被鉴定为“保存价值不大”的文件和记录，其数字形态的记录却因为蕴含丰富的、可供分析和加工的“数据”和“信息”，而成为一种非常具有留存价值的资源。所以，那种简单地认为“纸质文件和记录”与“电子文件和记录”的保存价值相同的观点和做法，是非常武断的。正确的做法是纸质档案按传统的鉴定标准去判定其保存价值，数字档案（电子档案）的鉴定标准则应重新确定。

第五，应采用科学的效益观点指导档案鉴定工作。对于纸质档案等传统载体形态档案的鉴定，必须考虑立档单位和国家档案管理部门的保存能力。那种认为只要文件和记录具有些许利用价值就应作为档案加以保存的思想观念，不仅脱离实际，而且一旦实施就会劳民伤财。为此，开展档案鉴定工作时，鉴定人员应对列入保存范围的文件和记录的利用价值和利用效益进行充分的预测和评价。只有当档案发挥的经济效益和社会效益大于我们所付出的管理成本时，才能认为档案是具有保存价值的。诚然，单纯的“效益”观点（即只评价档案保存的经济效益，却忽略档案保存的社会效益的观点），在档案鉴定中也要坚决避免。

（三）档案鉴定工作的意义

档案鉴定是决定档案存毁的关键一环，对文件进行价值分析并确定保管期限，并将到期的档案剔除销毁，是档案管理工作中最具有决定意义的一环。具体可以归纳为以下四个方面。

第一，档案鉴定的作用在于平衡烦冗与简明之间的矛盾，意在剔除档案中的“糠糊”，以达到精细化处理的效果。档案是社会实践活动的产物，随着时间的推移，档案与日俱增，数量不断增多，致使档案日益庞杂，这就影响了查找利用的效率。而档案保管有库房等物质条件的限制，又要求保管的档案数量越精越好。档案是保存下来的宝贵财富，档案与档案的价值是不同的，有的大，有的小，有的可能短时期内有用，有的可能长久有用，而人们利用的都应是有价值的档案。未经过鉴定和筛选，未剔除无关紧要信息的档案材料，会导致大量有用的档案资料被掩埋，档案的检索和利用会受到严重的影响。鉴定档案的目的在于应对档案数量增多和管理要求变得更为严格的问题，从而使查找和利用档案变得更加便捷。

第二，节约保管成本，提高工作效率。保存档案也要讲究效益问题，档案保管是需要大量人力、物力的，档案数量越多，需要的保管成本就越高。因此为了降低保管成本，就必须对不断产生的新档案材料以及保管期满的档案进行价值鉴定，将无保存价值的和已经失去保存价值的档案清理出去，精简库存档案，节约保管成本，提高工作效率。我国自古就有“三年一拣除”制度，如唐宋律令中规定，文案不需常留者，留十年，每三年一检简；有其本应长留者，移于别库，并别注于籍①。

第三，主次分明，便于安全管理，应对突发事件。档案鉴定就是将无价值的档案材料剔除出去，一方面节约了保管成本，腾出库房和装具去妥善保管有价值的档案材料；另一方面明确了档案的价值，主次分明，日常管理时就很容易确定保管的重点，便于安全管理，应对突发事件。比如，遇到水灾、火灾、地震等天灾人祸时，就能很快确定抢救重点，及时抢救和转移价值大的档案资料，减少损失。否则，就会因档案资料主次不明、数量庞大而感到束手无策，不知先抢救哪些，其结果只能是“玉石俱焚”，造成更大的损失。

第四，档案鉴定是“去芜存菁”、提高管理效益的科学措施。档案的鉴定工作就是通过对档案的不断筛选，使保存的档案得以精练，便于保管和利用。保存精选的档案，在提供利用时可免“沙里淘金”的查找之苦；有助于集中人力、物力改善保管条件；遇到突然事件，如水灾、火灾、地震、战争等，便于迅速抢救和转移重要档案。

（四）档案鉴定工作的原则

在展开档案鉴定工作时，需要遵循一定的原则，具体来说有以下几个。

1. 利益性原则

档案作为一种历史文化财富，是属于整个国家和人民的，而且档案的存在与作用发挥会关系到国家各方面的利益。因此，在开展档案鉴定工作时，必须遵循

① 钱大群．唐律疏义文白读本[M]. 北京：人民法院出版社，2019.

利益性原则，即要站在国家和人民的整体利益的角度对档案的价值进行衡量，绝不能以个人的好恶和小团体的利益为准则来衡量档案的价值。

2. 全面性原则

档案鉴定工作的全面性原则，具体表现在以下几个方面。

（1）综合档案的各个方面

在现实工作中，文件的构成要素并不完全一样。有很多文件非常重要，具有很高的价值，但需要结合文件的来源、形成时间等因素进行分析，才能得出正确的结论。在考虑档案的价值时，需要同时考虑文件的年代、保存方式和有无名人手迹等因素。这些特点可以使部分档案的价值增加，因此进行全面的分析才能确定其实际价值。

（2）全面把握档案关系

由于文件之间联系密切，因此评估档案价值时应该将相关资料整合在一起进行分析和评估，而不是单独考虑单个文件。只有从整体上进行评估，最终才能做出准确的判断。只有如此，才能确切地理解档案的内容和使用方式，就其价值做出准确的评估。

（3）预测档案的社会需要

档案能够满足社会的多种需要，而且社会对档案的需要也是多角度、多方面的。也就是说，某一档案对某一单位来说有利用价值，但对其他单位来说则没有利用的需要；在某些领域，档案可能不那么重要，但在其他领域中，它们的价值可能会被广泛地认可。这说明了档案鉴定工作必须平衡社会各方面的需求，在评定其价值时不能片面考虑某一方面的需求。

3. 历史性原则

档案是人类从事实践活动的产物，其形成总是依托于一定的历史环境。档案的内容、形式与它所产生的历史背景紧密相关。因此，在评估档案的价值时，需要将其置于形成的历史背景中进行分析，并结合当前及未来的利用需求来考虑其保存价值。

4. 发展性原则

社会对档案的利用需求是动态变化的，而且档案的价值本身具有一定的时效性。因此，在评估档案的价值时，需要具备前瞻性，并对其现实和长期的作用做出评估，最终做出科学的价值预测。

5. 效益性原则

这个原则意味着在评估档案的价值时，应该综合考虑资源投入和收益的比例。

只有当档案的保存价值超过保存所需的成本时，才能称这些档案具有保存的必要性。

6. 规范性原则

这一原则要求机构组织开展档案价值鉴定工作时，应自觉遵从国家法律法规、行政规章、地方规章及地方性法规的有关规定进行。机构、组织及各级各类档案管理部门开展档案价值鉴定工作，应依据《中华人民共和国档案法》、《中华人民共和国档案法实施办法》、《机关文件材料归档范围和文书档案保管期限规定》（国家档案局第8号令）、《企业文件材料归档范围和档案保管期限规定》（国家档案局第10号令），各专业主管部门制定的相关实施细则、部门规章，地方人大和人民政府制定的行政规章、行政法规等规范性文件中的有关规定执行，并注意遵循“法无规定即禁止”的原则要求。

（五）档案鉴定工作的标准

档案的价值具有客观性，人们在对档案的价值进行鉴定时，不可避免地带有一定的主观性。因此，为使档案鉴定工作具有科学、客观和准确的特点，需要确立档案鉴定工作的规范标准。为确保档案鉴定工作质量，应该考虑以下几个方面的标准。

1. 档案的来源标准

档案资料的来源取决于档案的创作者，档案创作者在社会中的地位、作用和职能都会直接影响档案的价值，甚至决定档案的历史意义。在进行档案价值鉴定时，需要根据来源标准进行鉴定。

（1）注意区分不同的作者

通常情况下，应重点存储本单位所制作的文件。我们需要仔细评估发件单位和本单位之间的关系，同时还需考虑来文内容是否与本单位的职责相关，这样才能妥善处理收到的外来文件。一般而言，带有隶属关系机关标识的文件比没有此标识的文件更重要。文件在本机关主管业务中需要执行的程度比仅供参考的文件更重要。

（2）分析本单位制成文件作者的职能

本单位的文件，即来自领导层、决策机构、综合性办公机构、主要业务职能机构、人事机构和外事机构的文件，对于反映本单位的主要职能活动和基本情况具有较高的代表性。因此，这些文件长期保存的价值更高。与此相对，行政事务性机构、后勤机构以及其他某些辅助性机构所发文件，通常不包含太多具有长期保存意义的信息。

（3）分析档案馆接收对象的地位和作用

各级各类档案馆会根据档案形成者的地位、作用和职能情况来确定档案收集的范围。通常情况下，某地区政府机构保留的文件中，对当地有显著影响、典型代表性或具有历史价值的组织、人物等相关文件会被保存更长时间。由基层单位和普通人士形成的档案，其长期被保留的时间较短，价值也较低。

2．档案的职能标准

在对档案的价值进行鉴定时，依据其职能标准就是依据立档单位在整个政府系统中所具有的地位及其重要性。也就是说，最高级别的机关所形成的档案相比一般机关所形成的档案来说，会具有更大的价值。同时，立档单位的级别与地位不同，所形成档案的保管期限也会有一定的差异，通常是级别越高所保存的永久档案越多。此外，机关档案部门在保存档案时，要尽可能确保其能够对本机关的存在、发展以及历史作用进行证明，能够对本机关的职能起到凭证或评价的作用。也就是说，机关档案部门所保存的档案要能够充分反映本机关的发展演变及其职能演进。

3．档案的内容标准

档案中所包含的信息、记录、数据、观点、经验以及结论等，是反映档案本身价值的最主要内容。在依据内容对档案的价值进行判定时，除了要分析档案内容的真实性、完备性外，还要注意分析以下三个方面。

（1）档案内容的重要性

档案的价值直接取决于被记载事实的重要性，因为档案就是对这些既有事实的记录。一般来说，反映方针政策、重大事件、主要业务活动的文件比反映一般性事务活动的文件重要；反映全面情况的文件比反映局部情况的文件重要；反映本单位主要职能活动、中心工作和基本情况的文件比反映非主要职能活动、日常工作和一般情况的文件重要；反映典型性问题的文件比反映一般性问题的文件重要。档案作为工作、生产、科研、权益维护和经验总结的依据和证明，在实际应用中通常具备很高的实用和参考价值。

（2）档案内容的独特性

分析档案内容的独特性即分析档案是否具有独特的、新颖的内容。事实证明，越具有独特且新颖内容的档案，其对利用者的吸引力就越大，价值自然也越大。此外，档案内容的独特性要求档案馆（室）在保存档案时，要最大限度地减少馆藏档案的重复现象，为此必须控制普发和多发文件的进馆。

（3）档案内容的时效性

档案在行政和业务领域中起着记录事实、处理事务和传递信息的重要作用，因此需要注意时间因素的影响。档案的保存时效直接决定了档案的价值。因此在鉴定档案价值时，应该通过分析文件内容的时效性及其变化情况来判定文件价值。

4. 档案的形式标准

档案的价值在某些情况下与其自身形式具有一定的关系，因此档案的形式也是对其价值进行鉴定的一个重要依据。这里所说的档案的形式，主要包括以下几个方面的内容。

第一，文件的名称既影响着文件的作用，也对文件的价值产生一定的影响。通常而言，能够对重要的方针政策、重大事件等进行反映，具有较高权威性的文件的价值较大，如命令、决定、纪要、条例等；而用于对一般事务进行处理的文件的价值相对来说比较低，如简报、通知、来往函件等。

第二，文件的形成时间对档案的价值也有一定的影响。年代越久远的档案，其价值就越大。这是因为，档案产生的时间越早，保留下来的就越少。此外，在国家或机关重要历史时期形成的文件具有特殊的保存价值。

第三，文件的稿本即文件是草稿还是定稿，文件是正本还是复印本。文件的稿本不同，其保存价值也会有一定的差异。比如，草稿、修正稿都不是定稿，从法律上来说并不具有效力，因而通常没有保存的必要。但是，在某些情况下，如国家重要领导人直接对草稿、修正稿进行的修改与批示，这样的草稿、修正稿需要进行保存。

第四，文件的制作材料、记录方式、手写笔迹和印记等独特特征，对档案的价值产生了一定的影响。有些文件由于载体材料的特殊、古老和珍贵，因此具有文物的价值；有些文件因为是书法家所写或具有外观精美的装帧，因此拥有艺术上的价值。因此，针对形式与众不同的文件，在对其进行鉴定时，需要仔细分析其独特的意义和重要性，以确定其真正的价值。

（六）档案鉴定工作的程序

在开展档案鉴定工作时，通常而言应遵循下面的程序。

1. 文件归档鉴定

这是在各单位确定文件处理完毕后，应当进行的文件归档范围工作。归档鉴定参照的规则是国家档案局颁布的《机关文件材料归档范围和文书档案保管期限规定》。在遵守国家规定的前提下，各单位有权自主确定归档范围。这项工作通常由单位的文书人员或秘书人员承担。

2. 确定文件保管期限

由于多种因素的影响，同一归档范畴内的文件的保管期限可能会有所不同。因此，在确定文件的存档类别之后，还需要为它们设定明确的保管期限。这项工作也应由单位的文书人员或秘书人员承担。

3. 档案价值复审

所有不被要求永久保存的文件，在其保管期限期满后，都需要进行价值评估复审，以确定是否继续保留或淘汰。到期复审是档案价值复审的一种重要形式，其是在档案保管期限到期后进行的审查，以评估其保存价值，无论是短期还是长期保管的档案均适用，复审可以按照每年一次或者多年一次的周期进行。另一种是进行移交后的再次审核。一旦档案室将档案移交给档案馆，工作人员和接收人员将会合作对档案的保管期限进行审查。

4. 销毁无价值档案

那些已经鉴定并确认为没有保存价值的档案，应该按照规定程序和方式予以销毁。一般而言，这应由归档部门承担责任。

二、档案保管工作

档案保管工作是指在档案入库后所进行的存放、日常维护和安全防护等管理工作。开展档案保管工作，目的是维护档案的完整，并尽可能保护档案不受损害。

（一）档案保管工作的任务

1. 防止档案损坏

档案保管工作的基本原则就是“以防为主，防治结合”。防是档案保管工作中的根本问题，要防止人为地破坏档案，防止各种不利因素去损毁档案，特别是对重要档案、核心档案要注意重点保护，立足于防，最大限度地消除各种不利因素的影响。

2. 延长档案寿命

相关部门和领导要从保管工作制度、办法以及技术处理措施上，提出保护档案的具体要求，延长档案的寿命，以适应档案长期保存的需要，从而有利于档案的长远利用。

3. 维护档案安全

档案的安全主要涉及两方面的内容：一方面是档案实体的物质安全；另一方面是档案内容特别是机密内容的安全。因此，在开展档案保管工作时，必须积极采取有效的措施来维护档案的安全。

4. 建立和维护档案存放秩序

档案室（馆）应当制定一套规则和管理办法，以保证档案的有序并方便查找。这套规则和管理办法的内容应当包括档案来源以及载体等特点。此外，还应当确保及时了解档案实体的状况，使档案不管是在存放位置上还是被调阅移动中都能够处于一种受控的状态。

（二）档案保管工作的内容

基于档案保管工作的任务，档案保管工作主要包括以下几个方面的内容。

第一，正确认识和全面把握档案的安全现状和破坏档案的各种因素。档案的安全现状和破坏档案的各种因素直接影响着档案保管工作的内容。首先，正确认识档案的安全现状包括了解馆（室）藏档案进馆（室）前后的保管措施、保管过程、有无损坏、损坏程度如何等，以便于确定今后的工作目标和工作内容。其次，破坏档案的因素多种多样，表现形式不一，对档案损坏的过程和损坏程度不同，只有全面把握威胁档案安全的各种因素的特点、表现形式，工作才能有的放矢，有针对性地将各种因素对档案的破坏降至最小。可见，正确认识和全面把握档案的安全现状和破坏档案的各种因素，是对工作对象和工作先天影响因素的深入剖析，它回答了“管什么”“为什么管”的问题，是档案保管工作有效开展的前提。

第二，基本的物质条件是必不可少的，以确保档案安全、妥善保管。档案的寿命取决于基本物质条件的优劣。档案能够得到长期保存，具备优良的物质环境条件是必要的。反之，不良的物质环境会直接威胁到档案的安全。

确保档案妥善保管的基本物质条件包括档案库房、档案装具、档案保管的设备、档案包装材料等，这些条件要满足有利于档案长久保存的原则、规范和标准。不同载体的档案，如纸质档案、胶片档案、磁性载体档案、光盘档案、电子文件等材料和形成原理不同，影响其耐久性的因素也不同。因此，在保管中档案库房、装具、设备等基本保管条件也存在较大的差异，尤其对于电子文件，如何在保管中确保其长期可读、可用已成为档案保管工作的新内容。

第三，制定和完善档案保管的各项制度和标准。制定关于档案保管工作的制度，有利于档案工作者和档案利用者规范自己的行为，明确在档案保管和利用过程中应该做什么、如何做，有何责任和义务，避免人为原因造成的对档案的损害，最大限度地保护档案。

档案保管工作标准有利于工作的规范化，有助于降低工作成本，减少工作中因人而异产生的对档案保管的变化，有利于为档案保管创造最佳的条件和环境。在档案保管工作中，从国家层面到地方各级各类档案馆（室）应形成完整的档案保管工作制度和标准体系，以实现档案保管工作的标准化和规范化，维护档案的完整与安全。

第四，在日常档案的保管工作中，需要采取多项措施来确保档案的完好和安全，如避免盗窃、防水、防火、防潮、防尘、防鼠害、防虫害、防高温、防强光以及保护档案信息不被泄露等。从工作地点来看，包括档案库房中的保管和档案库房外的保管，在库房外的保管又可分为在流通传递中的保管和在利用中的保管。在库房中的保管，主要由档案工作人员来完成；而在库房外的保管，则需要档案工作人员和档案利用者共同来实现。因此，使利用者同样以爱惜的态度，科学合理地利用档案也是日常档案保管工作的重要内容。日常档案保管工作繁杂、琐碎，但又是档案保管的基础性工作，因此，需要档案工作人员精益求精、细心、耐心地来实现。

第五，开展有针对性的档案保护工作。采用专门的技术和方法对受损程度较大、有重要价值的或其他急需修复的档案进行保护，延长档案的寿命，这是档案保管工作的一项重要内容。

对档案产生破坏的种种因素中，虽然有些因素是我们难以控制的，但我们可以采取相应的保护措施，利用先进的技术，将损失降到最低。比如，通过纸质档案修裱技术能帮助一定程度破损的档案恢复原貌，这已成为抢救档案中一项不可缺少的且具有中国特色的专门技术。这些专门的保护措施专业性、技术性较强，且细微、细致，需要专门的人才、大量的财力、物力的保障，它在延长档案寿命、保护人类文化历史遗产等方面发挥着重要的作用。因此，每个档案馆（室）在做好日常保管工作的同时，应根据馆藏状况，将有针对性地开展档案保护工作纳入档案保管工作的整体规划。

（三）档案保管工作的要求

1. 重视日常管理工作

为了保持档案库房管理的稳定、有序，我们应注重建立健全管理规则和制度，加强日常管理。在库房管理中要做到：将归档和接收的案卷及时存入库房；及时将翻阅的案卷归位；定期检查和清点案卷，如发现问题立刻解决。只要持之以恒地坚持严格的日常管理，才能保证库房内档案的良好状态。

2. 预防与治理结合

在档案保管工作中，保护档案实体安全的方法概括起来主要有两类：一是如何预防档案实体损坏的方法；二是当环境不适宜档案保管要求时或当档案实体受到损坏后如何处置的方法。在归档或接收的档案中，实体处于“健康”状态的档案占绝大多数。因此，在档案保管工作中，积极预防档案受到各种不良因素的破坏是主动治本的方法。我们应该采取各种措施，确保这些档案的长期安全。同时，还应该通过加强日常管理和检查，及时发现档案实体出现的“病变”情况，以便于迅速地采取各种治理措施阻断或消除破坏档案的有害因素，修复被损害的档案，使其“恢复健康”。只有采取预防为主，防治结合的方法，才能全面保证档案实体的安全。

3. 重点与一般兼顾

由于档案的价值不同，保管期限长短不一，所以在管理过程中，我们应该掌握突出重点、兼顾一般的原则。对于单位的核心档案、重要立档单位的档案、需要长久保存的档案应该加以重点保护，尽量延长档案的寿命。同时，对于一般性、短期保存的档案也要提供符合要求的保管条件，确保其在保管期限内的安全从而便于利用。

4. 管理与技术并重

档案保管工作要有效开展，管理和技术两者缺一不可，两者从不同层面上维护着档案的安全和完整。管理和技术在应对威胁档案安全的不同风险因素中，各自发挥着不可替代的作用。比如，由于人为因素对档案造成破坏的，需要靠管理制度来约束，单纯的技术是难以发挥作用的；而对于不可控的自然因素对档案带来的破坏，必须利用先进的技术来应对。因此，片面强调管理，或者片面强调技术都是不科学的。同时，无论是管理还是技术，都不是一成不变的。管理的理念、方式需要不断科学化、合理化发展，技术手段需要不断现代化发展，以确保管理和技术成为档案保管工作科学发展的双翼。

5. 区分保管不同档案

在档案保管中，不能采取“一刀切”的模式来管理全部档案。为了实现对档案的合理保管，对于不同价值的档案，应区别对待。在保管工作中，所谓不同的档案，主要是从档案的保存价值、保管期限以及载体等方面加以区分的。《中华人民共和国档案法实施办法》中规定“各级国家档案馆馆藏的永久保管档案分一、二、三级管理，分级的具体标准和管理办法由国家档案局制定”，根据档案的不同等级，采取有效措施，加以保护和管理，在《照片档案管理规范》(GB/T 11821—2002）等标准中，对不同保管期限的档案，其保管条件也略有差异。区分保管不同价值、不同保管期限的档案，有助于实现档案保管工作稳定有序开展。随着社会科学技术的飞速发展，不同载体的档案大量产生，不同载体记录信息的结构、原理不同，其保管要求也各不相同。因此，不同载体的档案，也应区分保管。

6. 立足长远，保证当前

对档案进行保管，最重要的一个目的便是方便党和国家以及相关单位对其进行利用。因此，在对档案进行保护时，必须充分考虑到档案的利用特别是长远利用，不可只关注眼前方便利用而危害未来的长远利用。也就是说，在进行档案保管时，必须遵循“立足长远，保证当前”的要求，以切实处理好档案的当前利用与长远利用的矛盾。

（四）档案保管工作的物质条件

要使档案保管工作顺利进行，必须有一定的物质支持。要进行档案保管工作，必须具备相应的物质条件，包括以下五个方面的内容。

1. 档案库房

档案库房是实现档案保管的基础物质条件，也是确保长期保存档案的重要因素。其质量直接影响档案保管中各项设备的采用与效果。为此，国家档案局制定了《档案馆建筑设计规范》作为档案管理机构建设档案库房的标准。

在实际工作中，因受职能、规模、财力等因素的限制，各档案室（馆）在库房建筑配置上不可能完全一致，因此应该分情况解决。各档案室（馆）应遵循《档案馆建筑设计规范》，建立符合标准的档案库房。此外，在选址或建造档案库房时，各档案室（馆）也应按照《档案馆建筑设计规范》中的规定进行规划。第一，档案库房要有足够的面积，开间大小要合适。第二，档案库房必须独立使用，不能与办公室混杂使用，同时也不允许收纳其他物品。第三，档案库房必须是结实可靠、符合规范的建筑结构，不能使用临时性建筑作为档案库房。第四，为了达到防火、防水、防潮、防光、防尘和隔热等基本要求，档案库房应该远离火源、水源和污染源等因素。因此，木质结构房屋、地下室等并不适合作为档案库房。第五，档案库房的门窗应具有良好的封闭性。

2. 档案包装材料

保护档案的包装至关重要，因为档案的包装可以有效地隔绝光线、灰尘和有害气体，避免档案受到损害，同时也可以减少档案在管理过程中的磨损。现在通用的国家标准的档案包装形式有三种：一是卷皮，它是包装文件的基本方式，分为软卷皮和硬卷皮两种。卷皮不仅是为了保护文件，同时它本身也是案卷的封面，查找利用很方便。二是卷盒。采用卷盒来保管案卷是一种比较好的方法，它不仅能够防光、防尘和减少磨损，同时科学的卷盒也便于管理。但是制作卷盒的费用比较大，因此，一般只对珍贵的档案用卷盒包装。三是包装纸，有些文件可以用比较结实的纸张把它包装起来，但这只是一种临时措施。

3. 档案装具

档案装具是指用以存放档案的柜、架、箱的设备，它们是档案室（馆）必需的基本设备。档案装具应该坚固耐用、存取方便、密封良好，并有利于防水、防火等，因此最好用金属材料制成。

目前的档案装具中，活动式密集架在有效利用库房空间、坚固、密闭方面具有较好的性能。活动式密集架平时各架柜合为一体，调卷时可以手动或自动分开，比常规固定架柜节省近 2/3 的库房面积。新建库房如果使用活动式密集架则可比使用常规固定架柜节省近 1/3 的建筑费用。但是，安装活动式密集架要求地面承重能力较大，还必须考虑整个建筑物的坚固程度以及使用年限等相关因素。

4. 档案保管设备

档案保管设备是指一些技术性设备、器具或工具，它们能够确保档案文件的安全性和完整性。这些技术性设备、器具或工具包括空调、湿度调节器、温湿度计、监控摄像头、火警报警器、灭火器、电脑、复印机等。

5. 消耗品

消耗品通常是用于保管档案的低价耗材，如防止霉变和虫害的化学药品、吸湿剂，以及各种表格和与管理相关的办公用品等。

档案库房、装具、设备、包装材料和消耗材料在档案保管工作中构成一个保护链条，共同发挥着为档案创造良好环境、防护档案免受侵害、维护档案完整和安全的作用。因此，档案室（馆）在开展档案保管工作时，应根据档案保管的整体要求和自身的情况，本着合理、有效、实用、节约的原则对这些物质条件进行配置。

（五）档案保管工作的意义

档案保管质量，对于档案管理水平具有极其重要的影响，甚至在某些情况下

（如档案存储安全问题）显得至关重要。如果档案得到良好的保管，就能为整个档案工作的顺畅进行提供必要的物质基础和基本前提。相反地，如果档案保管工作未能得到妥善处理，或无法有效延长档案的保存期限，甚至致使档案损坏或毁灭，这将导致整个档案工作失去最基本的物质条件。如果失去了工作对象，那么整个档案工作就无法继续进行，因为它们之间是相互影响的。假若档案保管得不够井井有条，可能会导致档案信息泄露，严重扰乱档案管理工作秩序。

第四节　档案检索与统计

一、档案检索

（一）档案检索概述

1. 档案检索的内容

对档案信息进行有序储存并根据需求进行查找的工作被称为档案检索。档案检索实际上涉及两个基本环节，一是档案信息储存，二是信息查找。保存档案的方法包括两个方面，即记录相关信息的标记和整理可供查询的工具。

2. 档案检索效率

档案检索效率是指用户所需信息的完整性和准确性，这是衡量档案检索系统性能和每个检索过程质量的基本标准。通常，检全率（也称查全率）和检准率（也称查准率）被用来评估档案检索的效率和表现。

检全率是指满足利用者要求的全面程度，与之相对应的是漏检率。其公式如下。

检全率 = 检出的有关档案 / 全部有关档案 ×100%

漏检率 = 未检出的有关档案 / 全部有关档案 ×100%

检准率是指满足利用者要求的准确程度，与之相对应的是误检率。其公式如下。

检准率 = 检出的有关档案 / 检出的全部档案 ×100%

误检率 = 检出的不相关档案 / 检出的全部档案 ×100%

3. 档案检索语言和符号

检索语言和符号是检索工作中存储档案形式和内容特征信息时使用的记录工具。

（1）档案检索语言

档案检索语言也称标引语言，它是根据检索的需要而编制的一种专门语言。与自然语言不同，它是一种人工语言。检索语言具有单一性和专业性的特点。

（2）档案检索符号

档案检索符号又称标识符号，包括实体符号，档案馆（室）代码、档案分类号、全宗号、案卷目录号、案卷号、页号、缩微号等；容具符号，库房号、装具号、柜架号、栏格号等；标识符号、著录项目标识符和著录内容识别符。

（二）档案著录和标引

1. 档案著录

（1）档案著录的含义

档案著录是对所要编制的档案信息进行分析、筛选并记录相关信息的过程，以便更好地了解和描述档案的内容与形式特征。

（2）《档案著录规则》介绍

《档案著录规则》是档案工作的基础性准则，它不仅推动了档案理论研究的发展，还涵盖了许多具体的档案工作方法和实际成果。它最初以国家标准《档案著录规则》（GB/T 3792.5—1985）的形式发布，成为我国第一个档案标准，标志着我国档案工作标准化进程的开端。行业标准《档案著录规则》（DA/T 18—1999）于1999年进行了首次修订并补充后发布，其对于建立一体化档案检索系统、推动档案报道和交流、挖掘档案信息资源等具有重要的意义。中国档案工作因该标准的发布和执行而迈向标准化、规范化和现代化。随着计算机技术和网络技术的不断发展，传统的档案著录方式已经无法满足档案著录现代化和标准化的需求。此外，它也难以满足用户广泛深入利用档案信息资源的需求，并且不便于组织之间和国家之间交换档案著录信息。2015年5月，国家档案局开始对1999年版的行业标准进行复审，所有专家都认为目前档案管理形势发生了翻天覆地的变化。为了更好地在信息化环境下管理数字档案资源，促进跨馆和跨国的数字档案资源共享利用，同时保障档案事业高质量发展，有必要对行业标准进行修订。因此，档案科学技术研究所提出了对1999年版行业标准进行修订的方案，并于2019年获得国家档案局的批准。

国家档案局档案科学技术研究所起草了《档案著录规则》（DA/T 18—2022），旨在统一档案著录的标准与规范。《档案著录规则》于2022年7月1日正式实施，经国家档案局发布。此次修订的原则是依据档案学理论、实践经验、国际档案著录规则多级著录思想，以追求技术先进和接轨国际的原则为基础，旨在确保符合科学、适用、统一、可操作的标准，同时注重与现有行业标准和国家标准保持一致，以保持连续性和协调性。这些修改使2022年版《档案著录规则》更适合于信息时代的著录工作环境，并进一步地规范和指导了档案著录工作。任何单位或组织在需要修改标准文本结构和编辑时都应遵循《标准化工作导则 第1部分：标准化文件的结构和起草规则》（GB/T 1.1—2020）的规定。这次修订采用多种方式进行，包括标准文本分析、文献研究、问卷调查、专家咨询等。修订工作组详细研究了相关的国际、国家和行业标准，重点关注了《国际档案著录规则（总则）》[ISAD（G），第二版]、《文书类电子文件元数据方案》（DA/T 46—2009）、《照片类电子档案元数据方案》（DA/T 54—2014）以及《录音录像类电子档案元数据方案》（DA/T 63—2017）。并且，在调查与档案著录规则相关出版物的基础上，向许多不同级别和类型的档案馆收集了与1999年版相关的意见和建议，充分采纳了专业人士的修改建议。

2022年版从1999年版的9章和1个资料性附录增加到14章和5个资料性附录。增设“总体原则和要求”“多级著录模型”“著录示例”3章和“文件级著录项目”“案卷级著录项目”“类别级著录项目”“全宗级著录项目”4个资料性附录；删除“著录用标识符”“著录条目格式”“著录用文字”“著录信息源”4章；原“著录项目”改为“著录项目清单”，并扩充了内容；原“著录项目细则”一章分为七章，即“标识项著录细则”“背景项著录细则”“内容与结构项著录细则”“利用控制项著录细则”“相关档案材料项著录细则”“附注项著录细则”“著录控制项著录细则”；附录“著录条目实例”改为“著录条目示例”，更改了著录条目的展现形式，增加了多级著录的著录条目示例。①

与1999年版相比，2022年版主要进行了三个方面的重大调整：一是实现了多级著录；二是调整了著录项目；三是适应了电子环境的著录。此外，对部分术语和定义、著录细则进行了优化。

2. 档案标引

（1）档案标引概述

①档案标引的含义

对档案内容进行分析和筛选，对其进行规范化标识以便检索的过程被称为档案标引。将档案进行归类标识的行为可以叫作分类标引，而为档案添加与特定主

① 王熹 .《档案著录规则》修订解读[J]. 中国档案，2022（9）：28-29.

题相关的标识的过程则称为主题标引。

②档案标引的方式

档案标引按照不同的标准可以分为多种方式。

A. 按照工作方式区分

标引工作按照工作方式分为人工标引和机器标引。

人工标引是标引人员通过对文件或案卷进行个人分析，为其添加检索标识的过程。机器标引是使用计算机等机器对档案进行标识，以便于检索的过程。例如，机器直接从文件或案卷中抽取表达主题的关键词，再借助主题词表转换成主题词的过程，就属于机器标引。

B. 按照检索体系区分

标引工作按照检索体系分为分类标引和主题标引。

分类标引可以根据标引程度分为三种：整体分类标引、全面分类标引和分类互见标引。整体分类标引就是将一个文件或一个案卷仅归入一个分类号，并使用概括性语言进行标引。全面分类标引是将一份文档或案卷根据其包含的不同主题进行分类，并按照相应的类目分配不同的分类号。分类互见标引是一种处理文件或案卷主题的方法，它包括在一份文件或一个案卷中确定涉及的多个类目，要首先标出一个主要的类号，然后在其他类目中进行重复整体标引。互相参照的分类号被称为互见分类号，这种分类方式能够避免重复整体标引。

按照标引语言的规范性分类，主题标引可以划分为三种类型，分别是自由标引、受控标引以及混合标引（也就是半受控半自由标引）。自由标引是一种将自然语言中的单词直接用于标引档案材料的方法。这些单词可能已经出现在档案材料中或者未曾出现。在受控标引中，标引人必须遵循主题词表中规定的主题词，以确保标引的准确性和一致性。混合标引是一种综合性的标引方法，它不仅使用规范化的主题词表中的主题词，同时还利用一些非规范化的自由词和关键词来进行标引，从而更全面、准确地描述文献的主题内容。

C. 按提供检索标识的数量区分

标引工作按提供检索标识的数量可分为浅度标引和深度标引。浅度标引是指以较少的检索标识标引档案的主要主题，深度标引是指以较多的检索标识全面标引档案的主题。

③档案标引的质量指标

A. 标引的网罗度

网罗度又称穷举度，是指标引工作中确认档案所有主题的程度。例如，一份档案有八个主题全部标引出来，就达到了最完全的网罗度。网罗度高，查全率就高，无论针对哪一个主题进行提问，都可以检出这份档案。但是，标引的高网罗度在获得高查全率的同时，却降低了查准率。因为一份档案主题的地位不是平等的，有主次之分，次要的主题一般不作为检索入口，意义不大，可以省略；同时，若不分主次地追求高网罗度，选用的标引词就多，这既加大了标引工作量，又容易导致加大虚假组配和误检的可能性，会降低查准率。

不同类型档案的最佳网罗度不同，应从具体情况出发，以适度为宜。手工检索系统对标引的网罗度要求较低，因为增加标引词将大大增加制卡工作量和目录的体积。计算机检索系统对标引的网罗度要求有所提高，这是由于计算机具有一次输入、多次输出、自动排检、检索速度快等功能，网罗度高，输入的标引词多，可以提高档案的查全率。

B. 标引的专指度

标引的专指度是检索标识档案信息准确性的标准，即评估标引的检索词与档案主题内涵和外延的一致程度。标引的专指度高，查全率和查准率就会高，反之则会降低。标引工作中专指度不高的表现：一是检索标识大于档案的主题概念，就会检出一些无关的档案，降低查准率；二是检索标识小于档案主题概念，就可能漏检一些档案，降低了查全率。

C. 标引的一致度

一致度是指选用表达档案主题内容所需标引词的一致程度。一致度的高低直接影响检索效率。如果对档案的同一主题赋予的检索标识前后不一致，必然会造成该主题档案的分散，降低查全率与查准率。为提高标引的一致度，应要求使用统一的词表，按照统一的标引规则进行标引，不断总结标引工作经验，提高标引人员水平。

（2）档案主题标引

主题标引是对各种档案信息资源在深入理解其核心内容和特征的基础上，进行主题分析并赋予一组主题词标识的过程。该任务有两个方面：第一，它需要通过对档案内容的分析与提取，获取与特定主题相关的情报信息。第二，使用主题词表对得出的主题概念进行标注，标出相应的主题词。

①档案主题标引的程序

A. 阅读文件，了解主题

标引人员应该在收到文件后先仔细阅读，以了解其讨论的主题和重点。只有深入理解文件主题的主要内容，才能准确地进行标引操作。阅读文件的方法是先看题名，这是了解主题的捷径之一。文件的题名通常由责任者、问题、名称组成，一般能够揭示文件的内容和成分，概括指出文件的主题。但有时也会出现文不对题、题大文小、题小文大的情况。特别是在档案文件中，还存在着有些文件的题名是文件名称或责任者加文件名称，使题名不能揭示文件的内容。因此，不能把文件题名作为了解主题和进行标引的唯一依据，必须浏览正文。浏览正文的方法重点是阅读文件的前言、简介、提要、说明、批语、结论、大小标题等，这样就可以大体了解作者的意图、文件的重点和主题内容。此外，查看文头、文尾和附加标记，往往也可以提供辅助的依据。

B. 主题分析

主题分析是指标引人员通过阅读文件识别出涉及的主要对象，进而确定文件的主题内容并形成主题概念。主题分析需要对两个核心方面进行分析：首先是主题类型方面的分析，其次是主题结构方面的分析。一份文件通常会归类为单主题或多主题。单主题是指一份文件内容所论述、研究的对象或问题是单一的，只有一个主题。多主题又称并列主题，是指一份文件所论述、研究的对象或问题有两个以上相互独立的主题，具有并列关系。标引时，单主题可用一个专指性的主题词或几个主题词进行组配来表达主题；多主题则应先分解为一个个单主题，用几个主题词或分组组配的形式来表示。

文件的主题结构是指构成主题的各个因素，亦称主题因素。按照国家标准《文献主题标引规则》的规定，主题因素分为五种。

a. 主体因素

它是指文件或案卷所论述的关键性概念，是主题词表中具有独立检索意义的主题词，能作为该份文件的检索入口为利用者提供检索途径。它几乎包括各种事物、问题、学科领域中最基本的概念，通常包括研究对象、材料、方法、过程、条件等。

b. 通用因素

它是档案文件内容的主题概念的完整表达，是用以补充说明主题因素的，是主题因素中的次要部分，对主题因素起细分的作用。它在主题词表中是一些没有独立检索意义的主题词，不能作为查找文件的检索入口，不能为利用者提供检索途径。

c. 位置因素

它是指表明文件或案卷所论述事物、对象和问题所处的空间、地理位置的主题因素，具体指明文件论述主题的位置属性，也就是指明在何处对主题因素在地理位置上起限定作用。它包括主题词表中的国家、地区、地名、机构名称等方面的主题词。位置因素没有独立的检索意义。

d. 时间因素

它是档案文件内容所研究和论述的事物、对象和问题，所处时间范围的主题因素包括朝代、年代、年度、时间等。时间因素是指明主题的时间属性，对主题因素起限定和修饰作用，一般也没有独立的检索意义。

e. 文件类型因素

它是文件的种类或名称的主题因素，如会议记录、条例、指示、报告、通知等。

上述五种主题构成因素，基本上概括了档案文件可能出现的主题因素。其中主体因素是首要因素，是主题构成的核心因素，是利用者查找文件的主要检索入口，必须加以标引，作为主标题使用。通用因素处于次要的地位，没有独立的检索意义，但对主体因素有细分和修饰的作用，能与主体因素结合而成为一个完整的主题。位置因素和时间因素是对主体因素在位置或时间方面的一种限定和修饰，是一种辅助性的属性。文件类型因素与主体因素没有必然联系，但有助于了解论述的对象，所以放在最后。

C. 主题概念的提炼

一份文件或一个案卷的主题概念并不要求全部都标引出来，而应当根据要求有所取舍。取舍主题概念应考虑以下因素：依据本部门的性质任务，确定主题标引范围大小及其重点；按检索工具或检索系统的要求，确定主题标引的定额或平均数；充分考虑利用者的检索需求，只标引重要的和有实际参考价值和利用价值的主题概念，舍弃价值不大、一般论述或没有实际意义的主题内容。最终选定的主题概念应是档案中论述的问题并具有实际检索意义，标出的主题词应能全面、准确地表达档案主题。

D. 主题概念的转换

主题概念转换的方法是由标引人员根据选定的主题概念，查看主题词表中有无与该主题概念相对应的正式主题词，若有，就将该主题词作为标引词记录下来，这样便完成了转换过程。如果选定的主题概念在词表中没有相应的主题词，就应通过组配的方法来解决。

E. 标引记录

它是按照一定的格式，将主题概念转换成相应的主题词，准确地记录在卡片或书本或其他载体上。

F．校对审查

校对审查制度是标引工作的一项重要内容，也是最后一道工序。各档案馆（室）应特别重视校审工作，选派精通业务的人担任，以加强标引的一致性和准确性。

②档案主题词的选词标引规则

档案主题词的选词标引是对主题分析出的概念给予主题标识的过程。它一般应遵循以下规则。

第一，在进行标引时，应当坚持直接、真实地记录文件或案卷讨论的内容，不偏离事物、研究对象和问题的本意。此外，要确保标引人员不牵入个人看法和偏见，不出现随意猜测或进行贬低等不当行为。

第二，主题标引的主要目的在于准确地反映文件或案卷所讨论的中心议题或关键问题。在对文件或案卷进行论述时，应将该事物或问题的核心概念作为标引的基础。如果要谈论一个事物或问题的某些方面，就应该指出与该事物或问题相关的概念，以便更清晰地表达。如果事情涉及三个或更多方面，可以考虑只对事物本身进行标记。

第三，正式主题词是必须选定的，不可更改。常规做法是在进行标引时，需选取词表中规定的正式主题词，其书写形式需符合词表中的词形，不得使用非正式主题词作为标引词。

第四，在标引时，应选择词表中最专指的主题词来描述文献内容。标引时，应使用与档案主题概念相关的、最专指的、最准确反映该主题的主题词进行标引，一般不应使用上位或下位主题词来进行标引。

第五，如果在词汇表中没有找到最专指的主题词，则需要选择直接相关的两个或更多主题词进行组配标引。当无法找到合适的主题词组并且组配无法满足要求时，可以使用相关的主题词或两个最直接的上位主题词进行标引。在适当的情况下，可以暂时使用一个恰当的关键词作为标识。

（3）档案分类标引

档案分类标引是将档案文件进行主题分析，赋予分类号标识的过程。

①分类标引的程序

A．确定使用何种分类表

在分类工作开始之前，可采用《中国档案分类法》进行查询。

B．深入进行主题分析

分析的方法有以下几方面。

a. 分析题名

通常情况下，题目能够简要地概括文档或卷宗涉及的主要内容和讨论的问题，并且为分类和标引提供有价值的线索。然而，一些文件和案卷的标题名称无法准确展示或透露其主题内容。因此，仅根据标题名称分类标注不可靠，需要阅读正文以做出更精准的判断。

b. 审读正文

将文件或案卷的正文粗略地浏览一遍，目的在于找出档案文件内容论述和研究的中心问题。中心问题可能是人、是物、是专业、是现象，是事物的一个方面、一个部分，是某一专业的一个方面等。然后将内容归纳成主题，再分析是单主题还是多主题，进一步分析该主题所涉及的各个方面以及所属时间、地点和具有检索意义的概念。

c. 查阅文件版头与附加标记

党政机关发布的文件会有特定的文件版头，以标明发文机关的完整名称或常用简称。在文号下方标注该文件的发布时间，在文末处署有该文件的具体发文机构、抄送机构、成文时期和盖章签署等信息。此外，该文件可能还含有其他附加标记，如保密级别、紧急程度和可阅读范围等。它有助于了解文件的主题、写作目的、使用范围、参考价值以及这一文件与另一文件的关系等。

d. 相互商讨

档案文件的内容极为丰富，几乎无所不包，而一个人的知识是有限的，在进行内容分析时，由于对某些专业不够了解，在确定其主题时，就会遇到各种各样的困难。有时需要与有关人员商量，或者请教业务人员集思广益，求得解答，以便进行正确标引。

C. 确定归属类别

将一份文件、一个案卷的主题及其诸因素分析出来后，必须根据使用的分类表准确判断类别，按照分类标引规则进行标引。

为了准确地辨别每份文件或每个案卷主题的所属类别，除了分类标引人员要掌握分类表中的一般列类标准和列类原则、方法、类目含义以外，还要对一些类目划分和排列的隐含规则和类目隐含内容有所了解和掌握，这样才能按照分析出来的主题，从分类表中找到适当的类目。但是有些档案文件的主题并不那么单纯，常常牵涉到几个门类或者一个门类中的几个问题。这时，除了归入主要类目外，还应在有关类目中也反映出来，才能为利用者提供较多的检索途径，达到充分反映的要求。

D. 给予分类号

当一份文件或一个案卷被确定了所属类目之后，应立即把代表该类目的号码记录下来。赋予分类号时，必须注意符号的正确性和完整性，既不能漏掉一个符号，也不能多一个符号。

E. 审查核对

为了保证分类标引的准确性，需要安排专人逐一审核。如果发现主题分析有误、分类错误、前后不一致或符号错误等问题，应立即进行修正。

②分类标引的方法

第一，如果一份文件或一个案卷只涉及一个特定的主题或问题，那么根据其内容的性质通常会赋予其分类号，以方便归档和检索。

第二，将同一主题从各个不同角度进行论述的文件将根据分类表中有关分散和集中的要求进行分类，以归入相应的类目。

第三，一个文件或案卷所涉及的内容可以包含多个主题。对这类档案文件进行标引时，要先分析各个主题之间的联系，选定一个或多个分类号进行分类。具体而言，包括以下几个方面。

通常，一份文档或案卷中包含多个独立的主题。除了使用第一个主题的特征进行分类之外，第二个和第三个主题也应该利用自己特有的特征进行分类。这样可以更加全面地揭示不同的主题，同时也能为用户提供更多检索选项。假若并列主题超过三个，又属于同一上位类，则应赋予上位类的分类号。

若一份文件或一个案卷论述的有几个主题，但这些主题之间是从属关系，即上下位关系、整体和部分关系，一般应赋予上位类的分类号。

若一份文件或一个案卷论述的几个主题是因果关系，一般应标引结果所属类目的分类号。若几个主题论述是受影响关系，则应按受影响的主题赋予分类号。若几个主题是论述理论与应用的关系，则应按应用所属类目赋予分类号。

多主题档案文件的分类标引应视具体情况先给出最主要的分类号，同时还要根据需要赋予相应的分类号，使档案文件的主题充分揭示出来，提供较多的检索途径，更好地发挥档案的作用。但是分类标引的深度应适可而止，不能标引过细，使卡片数量过多、分类目录过于庞大，影响检索速度。

（三）档案检索工具与计算机检索

1. 档案检索工具

（1）档案检索工具的种类

根据不同的标准，可以将档案检索工具分为多种不同的类别。以下是几种目前广泛采用的分类方式。

其一，按编制方式，分为目录、索引、指南。

其二，按载体形式，分为书本式检索工具、卡片式检索工具、缩微式检索工具、机读式检索工具。

其三，按检索范围，分为全宗范围检索工具、档案馆范围检索工具、专题范围检索工具、馆际检索工具。

其四，按功能性质，分为馆藏性检索工具、查检性检索工具、介绍性检索工具。

（2）常见档案检索工具

①案卷目录

案卷目录用于有效管理和保护档案材料。它以案卷作为基本单位，按照档案整理的顺序编排，以确定每个案卷的位置和数量。

②全引目录

全引目录汇总了案卷目录和卷内文件目录的信息，它既可以作为案卷目录，也可以作为卷内文件目录，具有双重功能。

③归档文件目录

它是以全宗为单位编制的所有归档文件名册。为适应档案管理现代化的需要，《归档文件整理规则》（DA/T 22—2015）规定，归档文件应依据分类方案和室编件号顺序编制归档文件目录。

④分类目录

分类目录是一种按照逻辑体系和分类法原则进行组织的档案主题检索方式。一般来说，分类目录使用卡片的形式呈现，并且编制的流程就是填写卡片、整理纸牌、放置引导卡。

⑤主题目录

主题目录是依据主题法的理论，利用标准化的用语和短语描述文件或档案中的主要内容，然后按主题词的顺序整理而成的检索方式。主题目录通常以卡片的形式呈现，主要优势在于它能够揭示与特定主题相关的档案内容，从而实现了优秀的特性检索功能。

⑥专题目录

专题目录是一种有序的方式，可以方便地检索档案馆（室）所持有的某一专题事物或内容档案，使其具有集中、系统的特点。一般来说，制作专题目录时，常常使用卡片形式，具体编制步骤为选题、选材、填卡、排列。

⑦人名索引

人名索引用于查找档案所涉及的人物并列出相关来源，而不会改变文本的含义。人名索引可以按两种方式进行分类：综合索引和专题索引。综合性人名索引在编制索引时，应将馆藏档案中所有人名纳入考虑范围。在专题性人名索引中，会根据相关专题范围（如任免、奖励、处分等）对相关人名进行索引编制。

⑧地名索引

地名索引是用来搜寻档案中相关地名信息的检索方式，而且还能够准确地指示这些信息在档案中的出处。通常地名索引包括地名和档号两个要素，按照地名的字母顺序排列。

⑨文号索引

为了方便用户查找档案，文号索引将每个档案的文号与档号进行对照，从而实现通过文号来检索档案。因此，文号索引也称为表格式文号档号对照表。在制作文号索引表格时，需要将同一机构在同一年份所发布的文件进行整理，编排成表格的形式，最后将所有表格装订并制作成册。

⑩全宗指南

全宗指南是一本关于特定全宗档案内容、结构和价值的工具书，它会在文字上提供详尽的叙述，以便读者更好地了解该全宗的内涵和意义，又称全宗介绍。全宗指南包含的核心内容是建立档案的单位的历史背景和概述。全宗内的档案是指一个机构或者个人在规定时间内所产生和积累的所有档案，主要由两个组成部分构成：全宗目录和全宗实物。全宗目录包括档案的分类、文件题名、档案编号、保管期限、创建时间、归档时间等基本信息。全宗实物则是指组成全宗的具体档案文件，包括文件、卷册、宣传品、照片、录像等实物形式的档案资料。

2. 计算机检索

随着办公自动化水平的提升，电子计算机已经成为工作中不可或缺的设备和工具。电子计算机具有出色的信息处理能力，可以为档案管理提供广泛的发展空间。

计算机检索系统是档案工作计算机化的重点，因为检索在档案馆（室）的业务工作中占有重要的地位。目前，国外的多个大型档案馆已经启用了计算机检索系统；同样地，我国也正在验证这项技术。计算机检索系统将每个文件或案卷的相关信息记录在一张统一格式的计算机输入卡片上，包括档号、分类号、文本编号、保管期限、主题词等，这样转化后就形成了一个数据库。该系统最显著的特点是能够利用计算机进行高速检索，具有高效率和广泛适用性的优势。计算机可以每秒数十万、数百万、数千万，甚至上亿次的速度进行档案查询。计算机往往能够在一两秒钟内回应用户的提问，查找文件或案卷只需要几秒钟的时间，而查找专题的档案材料也只需十分钟的时间。只要标引无误，计算机能够高效地检索出所有与输入内容相关的档案材料，保证查全查准。此外，计算机检索系统的检索渠道非常广泛，可以实现一种输入对多种输出的转换，以及一次输入对多个场合的使用，一次加工对多个应用方式的适用。通过发出指令，工作人员可以指示计算机按照不同的标准对输入的著录项目进行分类和排序，如按照时间、作者、专题、主题、文件种类、文件编号、保管期限或密级等标准进行处理，这样就可以实现目录或索引的自动编制。用多种载体输出，打印在纸张上的有卡片式和书本式目录，用胶片、磁带和穿孔纸带输出，可制成机读目录、缩微胶卷与平片，或在屏幕上显示，能灵活地满足使用者使用档案的多种需求。

随着计算机处理功能的提升以及电信设备的发展，检索系统从成批检索发展到联机检索和网络化检索。成批检索是一种由专业的检索人员按照用户所提出的问题和要求集中进行检索，并将结果一次性提供给用户的操作方式。成批检索存在一些缺点，如用户无法与计算机进行实时交互，修改搜索请求较为困难，搜索结果也无法立即得到等。联机搜索是将计算机作为中心处理装置，利用电话线路将其与分布在不同地点的多个终端直接相连，使用户通过终端设备输入查询请求，并立即获得回答。联机检索实现了人机对话，可以随时修改检索提问，立即从终端得到检索结果。近年来，又产生了由具备独立功能的计算机检索系统与电信线路相互联结，形成巨大的计算机检索网络，每一个档案检索系统都是计算机网络中的一个节点，每个节点又可以连接许多终端，使用者可以使用任何一个终端设备检索到网络中任何一个检索系统中的档案材料。

（1）计算机检索的特点

计算机检索的特点有信息存储量大、检索速度快、检索效果好、检索途径多元化、检索灵活方便、对计算机系统的依赖性强等。

（2）计算机检索系统的功能

计算机检索系统的功能主要有两个：服务性功能和系统基础性功能。

（3）计算机检索的流程

①输入阶段

在著录档案的特征和内容后，再将其录入计算机，并存储至数据库中。为了便于检索，还会创建相应的倒排文档。

②输出阶段

考虑利用者的查询要求，编制适宜的检索策略，并构建出相应的检索表达式。该表达式将被输入计算机，执行数据库中的查询任务，并输出结果以满足用户的需求。

（4）计算机检索结构及其设计要求

①档案计算机检索结构

档案计算机检索结构主要包括计算机硬件系统、计算机网络系统、档案计算机检索软件、档案文件数据。

②计算机结构的设计要求

软件系统的设计要求主要反映在对计算机结构的设计要求上。计算机检索软件系统具备的特征：系统先进、合理，系统结构标准化、规范化，系统功能完备，系统操作方便。

二、档案统计工作

（一）档案统计工作的内容

档案统计是用数量特征来描述和解释档案及档案工作现象的过程，主要职责是收集、整理和解析数据，旨在获得对档案和档案工作的全面了解和分析。基于此，还需要研究和确定档案管理和档案事业发展的方向、政策和计划，以便有效地监督和指导档案的运作。档案统计工作范围主要包括对档案进行基础登记和全面统计两个方面。

第一，从档案统计的工作程序上看，可分为档案统计调查、统计整理、统计分析和提供统计资料等环节。

第二，从档案统计的对象来看，可以分为两个方面：一是对档案实体及其管理状况的统计；二是对档案事业组织与管理状况的统计。目前，我国档案工作的基本情况统计分为以下四个层次：一是国家档案工作基本情况统计；二是专业系统档案工作情况统计；三是地方（包括省、市、县各级）档案工作基本情况统计；四是档案馆、档案室档案工作情况统计。

第三，从档案统计的工作形式和方法看，根据不同目的和作用，可分为两大类：一是综合性统计和临时性调查统计。这是为了获取全国或某一地区、某一部门档案工作的总体情况，各级档案管理机构设计的多种统计规章制度。为了全面掌握档案工作情况，必须实施多种规章制度，如制定统计报表、专题普查、抽样调查、重点调查和典型调查等规章制度；二是专项性情况和数量的登记。这些原始记录和统计台账是根据具体业务工作需要，由档案馆（室）编制的。它具有基础统计和检索工具的双重性，通常项目有：卷内文件目录和案卷目录，档案收进、移出登记簿，全宗名册或全宗目录，全宗单，档案目录登记簿，档案利用与效果登记簿等。原始登记是统计调查的基础，各档案馆（室）的原始登记与各级档案部门的统计工作相结合，形成档案统计网络。

（二）档案统计工作的要求

档案统计工作是档案部门的一项严肃科学任务，为了做好档案统计工作，发挥档案统计工作的作用，在进行统计时必须做到准确、及时和科学。

1．及时性

统计工作的目的是解决档案工作中的实际问题，及时了解有关情况。如果统计工作拖沓，必然会贻误良机，从而影响档案工作。为此应该建立档案统计制度，使档案统计纳入档案部门的日常工作轨道。各级各类档案馆、档案室的统计工作要实现制度化，相互配合，及时按规定上报档案工作领域的相关信息，为指导和监督档案工作提供科学依据。

2．可量化性

统计是以数字来量化反映统计对象现状的方法。档案统计工作中，实施统计的重要领域及其重要因素必须是可进行量的描述与量化研究的。否则，档案统计工作将会成为一般的档案登记工作。

3．连续性

为达到统计工作的目的，保证统计数字的准确性和统计工作的质量，档案统计工作必须连续进行，对有关内容的统计一定要有始有终，不能间断。只有保持连续性，档案统计工作才能对档案现象的发展变化进行历史地、系统地、全面地加以反映和概括分析，这才能保证统计工作的质量，达到统计工作的目的。

4．目的性

档案统计工作是根据一定的目的进行的，不是为统计而统计。如果没有明确的目的，统计工作就会失去意义，也不容易坚持下去。因此，确定档案的统计项目，要依据本单位的实际情况兼顾需要和可能，如单位大小、档案多少、管理状况和利用状况、质量高低等有目的地、实事求是地建立本单位的档案统计工作。

5. 准确性

档案统计工作的基本要求是保证统计数据准确无误。统计工作所获得的各种数据及其整理、分析得出的数据和结果都必须真实可靠，具有客观真实性。档案统计工作是从档案现象的质和量的辩证统一中研究它的数量方面，是用数字语言来表述事实的，因此，要求其必须十分准确。数字的真实性、准确性是科技档案统计工作的生命。

要做到统计数据真实、准确，就必须有认真、负责的工作态度和一丝不苟、实事求是的工作作风，严格遵守统计纪律，建立和规定科学的统计指标和统计计量方法。这样统计出来的数据才有价值，也才能够保证统计工作目的的实现。

6. 法治性

现代社会是法治社会，任何工作都要依法办事，档案工作也不例外。如《中华人民共和国统计法》是档案统计工作遵循的准则。档案统计也要纳入法治建设的轨道，目前实际工作中仍然存在统计违法行为，如为夸大成绩或缩小失误而虚假瞒报、伪造和篡改统计数据资料的现象屡屡发生。因此，档案统计也要加大执法力度，才能使档案统计工作顺利开展，真正发挥档案统计工作的作用。

统计工作的目的不是为了取得统计数字，而是要对统计数字进行分析、研究，从中寻找事物发展变化的规律，对档案统计所取得的原始数字进行周密分析和研究。根据档案现象在一定时间、地点和条件下的具体数量关系揭示档案及其管理工作中的内在联系和矛盾，从中总结经验，发现问题，分析矛盾，探索规律，从而改进档案工作，提高管理水平。

（三）档案统计工作步骤

档案统计大致可以分为统计设计、统计调查、统计整理、统计分析四个阶段。

1. 档案统计设计

档案统计设计是探究档案资料及其工作数据的方法。要实施这个方案，必须考虑到如何收集、整理和分析资料以及如何科学地安排整个流程。其主要内容有以下几个方面。

（1）明确调查目的和指标

首先需要掌握参数，也就是总体的统计指标数据，以描述总体的特征。例如，了解档案室的使用次数、文件数量等信息，了解档案馆数字化收藏的比率等。第二是探究现象之间的相互关联，以了解其中的因果关系，如研究馆藏数量与使用数量之间的关系。

（2）确定统计调查的对象和观察单位

根据调查目的和指标来确定调查总体的同质范围，将其作为调查对象。而总体中的个体则为观察单位。

（3）统计调查方法

它一般分为普查和非全面调查。非全面调查包括典型调查和抽样调查。

（4）统计调查方式

它包括直接观察、走访、填表和通信四种方式，前两者较为客观。

（5）调查项目和调查表的设计

在明确了调查目的、指标、对象和方式之后，接下来就是具体调查项目的设置和调查表的设计。调查项目应紧密围绕调查目的，简洁明了，具有可操作性和可量化性。例如，在档案馆使用情况调查中，可以设置“平均每日使用次数”“数字化藏品比例”等调查项目。

2. 档案统计调查

在档案统计工作中，档案统计调查是至关重要的步骤。它使用科学方法，利用各种调查表，并有计划、有组织地收集原始数据，以供档案统计分析之用。我国当前实行的档案统计调查方式包括以下两种。

（1）统计报表

统计报表是各级档案行政管理部门和档案馆（室）按照一定的规定自上而下地向上级档案行政管理部门定期报送的统计材料。它是档案统计中最基本、最经常使用的一种调查方式。

（2）专门调查

专门调查是为了认识和解决某一专门问题而临时组织的调查。它是统计报表的补充形式，可以分为普遍调查和抽样调查。

3. 档案统计整理

将调查所得的未经加工的数据资料进行整合和归纳以达到系统化和标准化的处理过程，就是档案的统计整理。

4. 档案统计分析

档案统计分析是一项工作，它将各项统计数据进行综合分类和比较研究，目的在于揭示档案与档案工作之间的内在联系以及发展规律。档案统计分析包含多种分析方法，如对比分析、相关性分析、因果分析、静态和动态分析、综合分析和系统分析等。

（四）档案统计工作的意义

1. 有助于加强对档案工作的认识

档案统计明确了档案工作中诸多现象的发展过程、现状和一般规律，让人一目了然。而且正是这种长期、系统的积累资料的工作，为档案管理研究和综合统计，为人们加深对档案工作的认识提供了一种方法。

2. 有助于提高档案学研究水平

档案统计是档案学发展的一个表现。以前档案学研究比较偏重于研究社会科学的方法，随着科学技术的发展，档案学也逐渐运用自然科学、技术科学和管理学的方法来研究，由定性研究逐渐转变为比较关注定量分析研究。因此只有加强档案统计，认真进行分析，才能促进档案学的发展。

3. 有助于提高档案管理的科学性

从档案统计工作来看，国家档案事业的方针政策、法规制度的制定都离不开档案统计工作，统计工作提供的大量的信息可以对档案事业进行指导、监督、协助理顺档案事业各个方面的关系。如果没有档案统计工作提供的大量数据和信息，档案管理只能是盲目地管理；如果没有档案统计工作的指导，档案服务利用只能是被动的服务。

科学管理档案不仅要定性分析，也要定量分析，两者结合才能实现科学管理，提高档案管理水平，更好地指导档案实践工作。做好档案统计工作，可以为定量分析提供必要的数据。

4. 保障了档案工作的良性运行

从系统论的角度来看，档案工作是由档案实体管理、档案信息开发和档案反馈信息处理三个子系统组成的，档案统计工作就相当于档案反馈信息处理系统统计得来的具体数据，直接反映了档案工作各方面的实际情况和水平，这是非常重要的。它可以提供正确的决策依据，监督指导档案工作进行资料统计，从而保证档案工作处于良性运行状态中。

要了解档案用户的需求，档案业务工作的现状、水平、成绩和不足，都离不开反馈信息的处理。这主要是通过统计工作来实现的。如要了解档案用户的需求，就要通过调查研究得到大量的数据资料，然后对这些数据资料进行及时的整理、分析就可以总结出档案用户的需求等情况。

第三章　档案管理现代化

档案管理工作的现代化是我们追求的发展方向，要适应时代的要求。本章主要介绍了档案管理现代化，分别从档案管理现代化概述、档案工作标准化与技术现代化、档案管理现代化的基础三个方面作了叙述。

第一节　档案管理现代化概述

一、档案管理现代化的概念

近年来，科技革命正席卷社会各个领域，档案管理领域也不例外。妥善应对这一挑战，实现档案管理的现代化，是当前和今后相当长时期内我国档案工作者必须解决的重要问题，也是我国档案管理发展的重要方向和必然趋势。

什么是档案管理现代化，这似乎是一个非常明确的概念，简单到不需要解释，所以我国目前所有的档案学术语词典都未对这个概念作过定义或其他表述。然而，将档案管理与涵义十分广泛的“现代化”一词联系起来，这就使得“档案管理现代化”这个概念变得非常灵活了。另外，由于我国还有一些长期以来就使用的与档案管理现代化相关的其他概念，如吴宝康教授主编的《档案学概论》使用过“档案工作现代化”的概念，有些档案学书籍上则使用“档案管理自动化”来表示档案管理的技术革新。因此，我国的档案界对于档案管理的现代化有不同的看法和观点。在探讨“档案管理现代化”时，首先需要确定把档案管理现代化放在什么意义或哪个层面上。

《档案计算机管理教程》（“21 世纪档案学系列教材”之一）一书指出档案管理现代化属于管理现代化，而管理现代化就是把管理工作信息化和最优化。其具体含义一是把现代科学技术综合、全面地运用于管理活动之中；二是当前的现代化管理技术主要是指计算机技术等；三是管理现代化的目的在于使管理工作趋于完善，并使整体功能和效率提高，达到优化[①]。进而认为，档案管理现代化至少包

① 孙淑扬，邱晓威．档案计算机管理教程[M]．北京：中国人民大学出版社，1999．

括三个要素，即档案管理中使用了现代化的技术、档案管理者掌握了现代科技知识和建立起了科学的管理机制。因而，这一教程对“档案管理现代化”进行了这样的概括，档案管理现代化是指用科学的思想、组织、方法和手段，对档案工作进行有效的管理，使之获得最佳的工作效率、经济效率和社会效率。[①]

除了教材介绍的观点，一些长期研究档案管理现代化的专家也提出了自己对于此问题的看法。要实现档案管理现代化总目标，就要极力保护档案，使其寿命周期尽可能延长；同时，充分利用档案信息资源，以便更好地服务于社会各界。档案管理现代化的系统化即在实现总体目标的前提下，整体的各个组成部分按照一致的计划行事。档案管理现代化的定量化即用数字的方式表示复杂系统中的各种变量及它们之间的相互关系，从而建立数学模型进行定量化分析，以便预测未来或者进行调整。档案管理现代化的信息化主要是指利用计算机技术广泛地收集、分析和应用大量的反馈信息，以便更好地管理和利用这些有价值的信息进行预测和决策。档案管理现代化的智力化强调人员在管理中的作用，鼓励、激发管理人员的智力、潜能，积极调动他们的主动性、积极性和创造性。同时，组织机构要具备应对复杂变化情况的能力以不断适应现代社会需要的管理环境。

《档案计算机管理教程》的核心内容在于提高人们对于现代技术在档案管理方面应用意义的认识。同时，它强调了在档案管理业务中，应该借助先进的管理理念和技术，不断地创造适应现代社会需要的管理环境。这种新型管理方式不仅能够创造更高的社会和经济效益，而且与传统档案管理截然不同。为了使档案管理实现现代化，需要涵盖多个方面，包括但不限于档案信息处理、管理技术现代化、档案管理思想全面提升、档案业务规范标准制定和执行、馆藏结构合理调整、馆网建设科学完善、档案信息服务社会化推广以及档案人员专业化培训等内容。

二、档案管理现代化的内在机理

档案管理之所以要实现现代化，有其深刻的内在因素和外在因素，既有其必要性，也有其可能性。

（一）档案管理现代化的必要性

档案管理现代化的核心目标在于解决传统档案管理方式与手段逐渐无法满足现实需求的矛盾。

① 孙淑扬，邱晓威．档案计算机管理教程[M]．北京：中国人民大学出版社，1999．

首先，传统的档案管理方式无法应对档案数量的增加，以及不同形式的载体所带来的挑战。

随着历史的推移，档案数量不断增加，这种态势受到多种因素的影响。如今，人们对收集档案的重视度不断提高，这是因为档案在政治、经济、文化、教育等方面扮演着重要角色。因此，人们更加重视建立和整理档案，这导致档案数量不断增长。此外，办公自动化技术已广泛应用于办公和管理领域，使得文件制作和生成更加简单、高效，并在技术层面上促使档案数量快速增长。档案数量的快速增长趋势还可以从我国档案产生的增长量上反映出来。1991 年，我国综合档案馆馆藏档案数量为 9637.4（万卷、万件），2001 年增至 13756.6（万卷、万件），2007 年增至 23675.3（万卷、万件）①，2014 年增至 53470.3（万卷、万件），2020 年增至 91789.8（万卷、万件），② 据 2023 年 2 月 17 日新浪财经发布的报道，全国各级国家综合档案馆馆藏档案已达 10.47 亿卷（件）③。由此可见，我国档案数量的增速之快。

科学技术的进步使得档案的载体和记录方式变得更加多样化。现在，越来越多的社会活动记录已经摆脱了传统的纸张形态，取而代之的是新型的载体和记录方式，如缩微胶卷、平片等缩微型，以及影片、照片、唱片、录音带、录像带、磁盘、数字式磁带、磁泡、光盘等声像型和机读型。随着新型文件的出现，其存储量大、具备多种记录方式（如图像、文字、声音等），因此它们生成的数量与转化为档案的数量正在快速增加。要妥善管理这些新型数据载体的档案记录，就要采用适合的保管条件、保管技术以及利用方式。除此之外，随着新型数据载体档案记录的问世，古老的历史档案记录可能会受到一定的影响，因此现在迫切需要采用先进技术手段对其进行“抢救”。综上所述，传统的管理手段和方式已经无法适应档案在数量和载体等方面的变化。

其次，传统的档案服务方式无法满足不断变化的档案需求。

随着社会对档案需求的不断变化，档案工作必然会受到深刻影响，因为档案工作的存在和发展与社会需求息息相关。

① 国家统计局．国家综合档案馆基本情况[EB/OL].（2007—11—25）[2023—07—20].http://www.stats.gov.cn/zt_18555/ztsj/hstjnj/sh2007/202303/t20230303_1925780.html.

② 智研咨询.2020 中国档案馆发展情况分析：馆藏档案数量达 91789.8 万卷、万件[EB/OL]（2021—12—08）[2023—07—20].https://baijiahao.baidu.com/s?id=1718538355717752992&wfr=spider&for=pc.

③ 教蓉．全国各级国家综合档案馆馆藏档案达 10.47 亿卷（件）[EB/OL]（2023—02—17）[2023—07—20].https://finance.sina.com.cn/jjxw/2023-02-17/doc-imyfziqr9192079.shtml.

自20世纪80年代以来，我国的档案需求发生了显著变化，主要表现在三个方面。首先，需求的覆盖范围扩大，即档案从过去专门服务于政治工作和行政管理，到现在向各个领域（如政治、经济、科学、技术、文化、教育等）提供档案信息服务；从最初只是利用档案查证，逐渐扩大为利用档案查证、参考和研究等；从最开始只有一小部分人们可以利用档案，到如今大众可通过多种方式利用档案。其次，档案系统的系统化要求提高。用户利用档案系统来检索有关某专题或地区的文献资料，这些资料可能被分散存放在不同的全宗中，甚至不同的档案馆需要跨馆借阅。最后，档案利用时效性增强。现今的用户希望档案信息的获取方式更快速、更准确，这就造成档案部门的档案流通量显著上升。随着时代的变迁，传统的档案信息服务方式已经无法满足高效的检索需求。于是，人们不得不通过远程查询获得档案信息。网络技术的普及和应用，消除了供需关系中的地域障碍，人们期望在家中就能轻松获取大量的档案信息。很明显，传统的档案函调服务已不再适合这种需求，因为其往复时间较长，而且只能承载有限的档案信息。为了满足这种需求，必须使用现代的远程传输技术。这些方面的显著变革使档案工作面临着许多新的挑战。基于此，档案管理人员必须采用现代化的技术设备和工作方式推进档案管理的现代化。

（二）档案管理现代化的可能性

现代化的档案管理需要紧跟高科技的发展，采用先进的管理工具和技术手段。自20世纪80年代以来，随着办公自动化技术、计算机技术、通信技术和网络技术的飞速发展，人们可以更加有效地解决办公与管理领域中分散数据业务处理的问题。这些技术的普及显著地降低了信息处理的负担，让办公和信息处理人员能够从烦琐而复杂的任务中解脱出来。机器系统取代手工劳动证明机器系统具有显著的优势。在办公和管理方面，采用先进的科技设备和技术手段来推动现代化管理已成为必然趋势。

在当今时代，借助技术发展和设备智能化的力量将其应用于档案管理领域不仅可以提高档案管理效率，还可以带来经济效益；在我国经济相对发达的东南沿海地区的档案馆，可以利用高科技设备来提高档案管理效率、降低管理成本，这是非常切实可行和必要的；党和政府在档案管理现代化建设方面的投入不断增加；档案管理现代化已经成为国家现代化建设的重点；档案部门对档案管理现代化的研究程度加深；发达国家在档案管理现代化方面形成的经验，以及国际档案管理组织积极推广的现代化管理经验，为我国档案管理现代化的建设和发展创造了良好的客观条件和基础。

三、档案管理现代化的现实意义

推动档案管理现代化具有深远而重要的意义，其可以提高档案工作的效率和质量，促进档案信息资源的开发，推动我国档案事业的发展，以适应社会主义现代化建设的要求。

（一）适应社会发展的需求

1996年末，世界经济合作与发展组织（OECD）在总部所在地巴黎发布了一份名为《以知识为基础的经济》的经济发展研究报告，并专题介绍了“知识经济”。报告通过互联网向全球发布，旨在制定科学技术产业政策。自此，“知识经济”成为一种全新的概念、独特的表述方式和新兴的理论，其发展速度极为迅猛。与以往不同的经济形态相比，知识经济的兴盛不取决于资源、资本和硬件技术的数量、规模，而是更多依赖于有效信息和知识的积累及应用。知识经济的兴起得益于信息产业的快速发展，并且逐渐成为主要的经济支柱。知识经济强调产品和服务的数字化、网络化、智能化和个性化，它是一种能够有效满足用户需求并提供优质服务的经济形态。

知识经济的日益发展、社会需求信息服务的日益增多以及信息技术的不断进步等，使信息部门面临较大的压力。其中，社会需求信息服务的日益增多，要求信息部门有较强的存储、处理和管理信息的能力，高质量、高效率地向社会提供知识和信息服务。此外，随着信息技术的不断进步，整个信息产业正在经历深刻的变革，这也给各个信息部门带来了巨大的挑战。档案部门是现代社会信息产业的组成主体，为了满足社会对有效信息的强烈需求，档案部门需要引入现代化的管理手段，将档案信息数字化、网络化、智能化和个性化，使档案信息转变成真正有效的信息，以服务于知识经济。若不推进改革，档案工作将跟不上社会发展的步伐，无法在这个瞬息万变的时代中发挥其应有的价值和作用。

（二）为档案事业可持续发展提供动力

可持续发展是人类基于现代工业文明的挑战提出的战略思想，是在人类环境意识和生态意识不断增强的背景下应运而生的。可持续发展融入了整体性观念、持续性观念和新的道德观念，旨在满足人类持续性的生产生活需求。可持续发展注重环境和经济的协调发展，旨在实现自然与人类的和谐共处，并致力于将现实和未来统一起来，它集中反映了人类新的发展观、价值观和道德观。

在档案工作领域中，可持续发展观念的延伸是指实现档案事业的长期性和稳定性发展，以满足当前和未来人类对信息的需求。考虑档案事业的可持续发展，有两个主要原因。第一，这是人类社会可持续发展的重要组成部分，关系到人类社会整体的可持续发展水平，同时也是有效档案信息与人类社会可持续发展之间互惠共生的体现。第二，就我国档案事业发展而言，档案事业的主要构成部分——档案馆和档案室正在面临新的挑战，其中包括馆（室）内藏品结构单一，有效档案信息匮乏，难以满足社会对多元化档案信息的需求；高水平计算机网络系统的建立和基础工作支持能力不足；档案收藏数量虽然庞大但质量参差不齐等。这些新的挑战成为阻碍档案事业可持续发展的瓶颈。因而，若不应用最新的科技设备及技能手段进行现代化管理，及时汲取国内外同业或本国其他领域的模式与经验，则可能导致我国档案事业落后于社会发展。

（三）适应国民经济、社会协调同步发展

国民经济与社会发展是一个紧密联系、有机结合的整体，其中各个环节相互影响、相互制约。在国民经济和社会发展过程中，档案事业是一个不可或缺的组成部分。档案事业的进一步发展需要考虑国民经济和社会发展的影响和制约。《中华人民共和国档案法》第四条指出：“各级政府必须增强对档案工作的领导，将档案事业的建设纳入国民经济和社会发展计划。”这项规定是推动国家档案事业持续稳步发展，并与国民经济和社会协调发展的重要保障。改革开放至今，我国的现代化进程不断加快，国民经济和社会状况的发展得到了明显改善。而作为推动现代化建设的档案事业如果不将重点放在自身现代化建设上，就会失去可持续发展的能力，难以与国民经济和社会发展保持同步。

第二节　档案工作标准化与技术现代化

一、档案工作标准化

档案工作标准化，即在档案工作领域，由档案主管机构和相关部门共同商定，制定合理统一的档案工作管理规则和技术规范，并对其进行不断修订，确保档案

工作的科学性和一致性。总的来说，档案工作的标准化是基于科学原则制定的各项标准，并通过实施和修订标准不断提高档案工作的规范化程度和一致性，以达到统一化的目标，这是实现档案工作现代化和提升工作效率的重要保障。

（一）档案工作标准化的主要内容

在我国，要想实现档案工作现代化，必须促使档案工作标准化。档案工作标准化是档案学领域中一门新兴的研究方向。目前，对它所研究的内容、范围还没有统一的认识，尚在探索之中。这里仅论述以下几方面内容。

1. 专业名词术语标准

为了深入讨论和研究特定专业的内容，必须采用相应的术语表达，将每个术语赋予特定的意义，并将其作为共同语言以促进彼此之间的沟通。档案专业的名词术语都有特定的内涵，不能任意加以解释。但是人们对档案学中的许多名词术语还在探索中，如对最基本的“档案”这一概念讨论过多次，至今在具体表述上仍有不同看法。人们对档案的种类也是众说纷纭，莫衷一是。如果专业名词术语表述不清晰，会给档案学理论研究和档案工作实践带来困扰。《档案工作基本术语》一书明确了最常用的一些名词术语和概念，这对统一档案界的认识、繁荣和发展档案科学都有重要的意义。

2. 代号代码标准

代号代码是一种使用文字符号、数字、颜色、图像等符号来表达具体概念的标记符号系统。在档案工作中，为了确保准确表述含义，许多著录项目采用了一系列固定的代号代码或缩写。在档案工作中，代号代码发挥着至关重要的作用。例如，分类号、档号及档案馆代码等在档案整理、编目、科学管理和提供利用方面起着至关重要的作用，这些代号代码使得档案工作的规范化和现代化成为可能。采用代号约定的方式来取代文字方便快捷并且易于处理、存储和查询，且具有易于理解、记忆、传播和利用的优点。档案工作的标准代号代码包含多个方面，如档案馆代码、名词术语缩写代码、档案类型与载体代码、著录代号代码等。

3. 标引语言标准

标引语言标准用于档案的标引和检索。标引语言标准由四个主要组成部分构成，包括用于归档的分类表、用于描述档案内容的主题词表、用于规范档案分类标引的规范以及用于规范档案主题标引的规范。目前，已制定了《中国档案分类法》《中国档案主题词表》《档案分类标引规则》等标准。

4. 档案收集、整理、鉴定标准

收集、整理、鉴定是档案管理的基础性工作，制定这方面的标准，对于提高档案工作的质量、效率和水平都具有重要意义。我国已经制定了《关于文书档案保管期限的规定》《文书档案案卷格式》《科学技术档案案卷构成的一般要求》《各级各类档案馆收集档案范围的规定》等标准和规范性文件。但数量有限，尚需制定更多的标准。

5. 档案统计、提供利用标准

档案统计和提供利用工作也应实现标准化。针对档案统计工作标准，国家档案局已制定了《档案事业基本情况统计年报》，但还需进一步完善统计指标体系。档案提供利用方面的标准，目前国家制定了《国家档案馆档案开放办法》。

6. 档案工作现代化建设方面的标准

档案工作现代化建设需要遵守相应的标准，包括计算机、缩微设备和其他相关设施的标准（如计算机程序语言、计算机接口、磁带交换格式、缩微复制和技术规范，以及档案保护设备等技术标准）。

7. 档案装具和库房建造标准

国家档案事业管理部门为解决档案装具、档案库房自行设计建造中出现的问题，在调查研究的基础上，已制定出技术先进、经济合理的《档案装具》《档案馆建筑设计规范》等标准，为档案装具与库房建设的标准化提供了依据。

8. 档案制成材料与书写材料的标准

档案能否持久保存取决于制作和书写档案材料的质量。无论是纸张、胶片、磁带、磁盘还是各种字迹图像材料都是物质的东西，其完整性随着时间的推移不断发生变化，要想延长档案的寿命，必须解决耐久性问题，因此要制定适合制作档案材质的标准。

（二）档案工作标准化的意义

实现组织现代化生产的重要手段之一便是将生产过程标准化，同时这也是科学管理必不可少的组成部分。标准化是我国在社会主义建设过程中实施的重要技术经济政策。标准化是决定专业化的关键因素，档案工作的标准化对实现档案工作的现代化具有关键性意义，其主要体现在以下三个方面。

1. 实现档案工作现代化的基础

档案工作现代化需要运用先进技术实行严密的分工和广泛的协作，其要求各个档案机构以及内部各个部门形成紧密合作的工作机制，在各个业务环节上既能细致分工，又能互相配合。仅靠行政手段安排是不足以应对档案事业这个复杂系统的。因此，确保技术方面的统一性和协调性，才能保证档案工作活动的顺畅进行。标准化通过建立和执行各种标准，确保生产和合作具备一致的科学准则和依据，并将此作为技术纽带整合各部门和各业务环节，形成一个有机整体，确保各项工作能够有序进行。若缺乏一个统一的标准作为共同的依据，各部门就会各自为政、独立行事，由此产生不一致、不协调、不衔接、不完备等混乱状态，从而无法实现档案工作的现代化。总之，推进档案工作现代化，必须在档案工作基础上构建标准化的制度规范体系。

2. 档案工作科学管理的重要组成

科学管理，即结合档案的形成规律和特点，运用先进的技术和方法，按照各种科学管理制度对档案进行全面管理，并开展相关工作。为此，档案管理部门应建立一套符合档案工作特点的科学管理制度，包括档案管理、技术管理、设备管理、劳动管理、质量管理和安全管理等制度，同时颁布一系列标准规定以确保档案工作涉及的所有业务（如档案的鉴定、保管、检索、提供利用、编研等）均按照标准规范进行，实现对档案工作的科学化和标准化管理。标准化是科学管理制度的中心要素，档案工作标准化是确保现代档案管理工作管理科学化的基础和前提。

3. 提高档案工作质量和效率

制定、颁布并实施档案管理工作标准是协调统一档案管理工作中出现的重复性事务和概念的基础，可以提高档案管理工作效率。实际上，每个档案馆（室）的整理、鉴定、检索和提供利用等工作都是在重复进行的，虽然每个流程涉及的对象和工作内容会有所不同，但最终的质量却始终保持一致。因此，通过制定统一的档案工作管理标准，并统一档案管理工作的质量、规格和工作程序，可以有效避免不必要的重复劳动，从而显著提高工作效率。

二、档案工作技术现代化

档案工作技术现代化主要是以计算机为核心，将缩微、复印、声像等新技术和装备广泛应用于档案工作。

（一）档案工作计算机化

在世界范围内，电子计算机是公认的能实现档案工作现代化的理想工具。根据已有的经验，档案工作可以应用于各种类型的计算机（大型机、中型机、小型机、微型机）、各种外围设备处理各种业务，并将其应用于档案的接收、编目、检索、借阅和归还，库房的管理、辨认，到期档案的销毁、统计、修复和消毒等。各级档案部门应从实际出发，逐步建立起以下自动化系统。

1. 计算机检索系统

计算机检索系统是档案工作计算机化的重点，检索工作在档案管理工作中占据着非常重要的地位，我国各档案馆也在不断探索和提升计算机检索系统的功能和服务能力。计算机检索系统在前文中已有详细介绍，在此不作赘述。

2. 计算机借阅管理系统

一般来说，计算机借阅管理系统应该涵盖实用的功能，如借阅、预约、检索和统计等。计算机借阅管理系统的借阅功能是为了确认借阅者是否有合法权利进行借阅，若有，则需要核实所需借阅的物品及借阅方式（在馆借阅或外借），确定借阅期限，进行借阅记录登记并妥善存档，自动计算归还日期。为了更方便地管理档案归还，计算机借阅管理系统会通过打印催还通知来提醒借阅者每日应当归还的档案。计算机借阅管理系统的预约功能可以实现预约登记及排队，同时还能够检查重复预约情况和提前预约情况，方便借阅者查看已有预约者信息，以及了解何时可以借取所需档案材料。计算机借阅管理系统的检索功能指的是能够迅速检索所需档案，并获取其存储位置、借出状态以及处理进度等相关信息的功能。一旦有需要借阅的资料在库房内，出借单便会生成，并连同档案一起送至阅览室。计算机借阅管理系统的统计功能可以获得借阅者的数量总体情况、档案借出总量以及使用目的和类型、效果评估，还可以查看借阅申请被拒绝的次数等信息。

3. 计算机统计系统

统计是档案工作的一个重要组成部分，其基本任务是对档案工作发展情况进行统计调查、统计分析，提供统计资料，实行统计监督，以计量化的管理发挥数学方法在档案管理中的作用。建立统计系统应符合国家档案局制定的统计报表的要求，除了必须将档案机构、人员、馆藏、库房、利用、编研等各方面的基本数字输入计算机存储外，各档案馆（室）还应有更具体的统计，如单份文件的统计，案卷数量或存放箱、柜、架的长度统计，以全宗为单位和整个档案馆（室）保存档案情况的统计，各个业务环节现状的统计，利用人次和效果的统计，利用目的、类型、拒借率、馆外未接收档案状况的统计，以及每年有多少档案要进馆的统计等。档案管理机关应将各档案馆（室）档案的构成、档案利用情况、档案人员及其素质、档案经费、档案馆（室）建设、档案的增长和销毁等有用的统计数字输入进计算机存储起来，使用时可根据指令制成各种统计报表及时打印出来，作为领导和业务部门进行组织管理和决策时的依据和参考。

4. 计算机库房管理系统

计算机库房管理系统具有双重功能，一是实时反映库房情况，二是实现计算机自动化管理。例如，对于库房内积存的众多档案资料，管理者需通过计算机库房管理系统查清楚它们的位置、数量及存放位置的细节；了解每个全宗的文案和文件数量，柜、箱、架上分别存放了哪些档案，以及档案的保存情况、是否经过调阅；了解库房空间的使用状况。此外，管理者可以通过计算机库房管理对库房实施自动化管理。在计算机的指导下，自动设备可以独立地执行档案搬运、上架等操作，也可以实现对库房内空气和温湿度的自动调节。此外，可以利用自动化控制设备来管理取暖、照明、防火和报警等系统，从而保障库房的安全性。实现库房自动化管理需要建立库房管理系统，将入库档案及库房设备数据输入并储存于计算机，并建立完善的控制系统。此外，该系统还支持按需打印库房档案清单和各种统计报表。

5. 计算机行政管理系统

计算机行政管理系统包含财务、人事、行政和设备档案管理等方面的工作，同时还提供情况分析、报告生成、预测规划、决策支持以及办公室自动化等多项功能。此外，计算机可用于执行文件编辑、出版、微缩胶片以及管理音视频文档等工作。

（二）档案缩微化

档案缩微化是档案工作现代化发展的新趋势。随着社会主义建设事业的发展，档案数量与日俱增，给其保管和利用带来了一系列问题，而缩微复制技术的应用是解决这些问题的有效办法。

近年来，缩微复制技术已广泛应用于档案行业，并在全球范围内逐渐流行，成为档案存储方面的重要发展方向。缩微复制技术不仅节省了档案材料存储空间，还能够不断扩大信息存储能力，提高档案利用服务的自动化程度，以应对计算机处理档案信息的工作需求。缩微复制技术的明显优势在于它可以保留档案的原始状态，并将档案的体积大大减小，从而节省存储空间。这使得档案具有统一的规格，更易于保管和利用，延长保存期限，且成本低廉，可节省人力、物力。人们按照缩微的密度推算，一个保存档案达几十万卷的档案馆可以将档案全部缩微后放在一只手提箱内。有些国家在光学信息存储技术方面有新的突破，运用激光打点的记录方法可把缩微密度提高到更高的程度。

档案缩微制品能不断更新换代，无限期保存下去。实践证明，缩微品可保存长达几百年，比纸张的寿命要长得多，还可以不断复制，达到永久保存的目的。现在，随着摄影技术的进步，摄影机、胶卷、平片价格的降低，冲片过程完全可以实现自动化管理，档案工作人员经过训练就可以自由操作。每个档案馆（室）都可以根据需要进行档案缩微工作。

缩微化与电子计算机相结合是档案工作现代化的重要内容。电子计算机依靠存储器会限制存储量，价格也比较昂贵，一般只把档案的二次信息输入计算机，而缩微复制可以把档案原件全部缩微，既节约资金，又便于管理。从某种意义上说，缩微档案库实际就是计算机的外存储器。所以，缩微技术与计算机相结合，两者相辅相成，互为补充。从长远来看，为了解决档案数量的急剧增长和载体的不断老化以及由此带来的保管和使用上的问题，采用档案缩微化势在必行。

（三）复印技术应用

近年来，复印技术发展很快，复印的种类和方法也有很多，如重氮复印法、热敏复印法、兰图复印法、电子扫描复印法、静电复印法等。其中，静电复印法占主导地位。

静电复印技术的应用相当普及，档案馆（室）大多备有复印机，以便为使用者复制档案。它具有速度快、效率高、使用方便、价格低廉、保持档案原貌、复印份数不限、不需要阅读器就可以阅读等优点，是档案收集、存储、交流和传播的一种重要手段。自 20 世纪 80 年代以来，我国档案馆（室）开始普遍采用静电复印技术进行复印，这一方法能够取代手工抄写档案材料，从而节约了时间和人力成本。由于静电复印技术能够保护珍贵的档案原始文献，并且便于从业人员进行操作，因此它已成为广泛应用的常见技术，备受欢迎。

目前，复印技术发展的一个特点是复印设备的系列化和自动化，即印刷品复印、缩微、缩微品放大再复印等工序配套，能实现自动化生产和工作效率的大大提高，因而受到各行各业的普遍重视，并得到了广泛的应用。

（四）声像技术应用

随着科学技术的发展，近一个世纪以来，出现了录音带、录像带、电视片、电影片、幻灯片、唱片等新型档案材料，基本脱离了白纸黑字的印刷和书写形式。这些新型的档案材料已正式列入档案馆（室）的收藏范围，它们在档案馆（室）藏量中所占的比例越来越大。目前，在档案馆（室）的阅览室内，不仅可以借阅纸质档案，还可以戴上耳机听录音档案，在荧光屏前看录像、电视、电影等。声像档案具有让用户直接感受到档案的形态、性质、现象和过程的特点；同时，在听觉和视觉的作用下，声像档案可以让用户更深入地了解档案内在的含义与意义。不过，声像档案常常需要借助特殊的工具才能查看或阅读，通常并不能直接以肉眼观看。为了应对不断增长的档案材料需求，档案馆（室）需要加强设备和专用库房的建设，同时提升档案人员的保管技能和操作能力，以实现对档案材料的科学管理，确保其最大限度发挥应有的作用。

综上所述，档案工作技术现代化主要体现在档案工作计算机化，档案存储缩微化，电子档案的科学管理以及复印技术、声像技术在档案工作中的应用。

第三节 档案管理现代化的基础

一、档案工作者的提前介入

21 世纪初，我国的档案管理以实施双重存档和管理为主要策略，即同时采用纸质和电子档案。随着社会的进步和技术的发展，数字化档案逐渐成为档案馆管理和利用的主要形式，公众对档案的认知在不断提高。数字化文件和档案的特性，如易逝、易变、易分离，以及与电子环境、与应用程序的关联等意味着为了确保文件归档后的档案能够真实、完整、准确和有效，档案专业人员需要在文件管理前期参与相关工作，这样可以确保归档后的档案具有真实性、有效性和凭证价值。弗兰克 · 厄普奥德（Frank Upward）及其他文件连续体理论的倡导者提出了“档案化管理”的理念，这种管理理念正逐渐引入现代档案工作中，这值得我们深入思考。

（一）提前介入的必要性

实际上，提前介入是要求档案工作者在电子文件形成阶段就开始参与管理工作，旨在实现前端监控。档案工作者要通过网络访问电子文件管理系统，并参与信息系统的设计和研发，以使档案管理的理念和方法能够融入系统设计过程，这样可以确保管理工作具有高效性和协调性，使文件处理过程得到监管和控制。从文件形成阶段就需考虑档案的归档和保存要求，这旨在准确确定归档范围，保证归档文件的质量，确保电子文件归档后的档案具备凭证、价值和完整有效性。

为了确保收集到完整且准确的电子文件元数据及背景等信息，档案工作者需要加强对电子文件形成过程的控制。通过这样的做法可以更好地理解和认识电子文件管理的特性，并且在执行归档鉴定、归档移交、数据转换和迁移等任务时表现更出色，最终实现有效管理归档后的数字档案的目标。

在已经实施文档一体化信息系统的机关、企事业单位，文件与档案实行了一体化管理，为了进行网络信息系统中的归档工作，需要移交文件管理权限并且保持文件的内容不变。因此，要求档案工作人员熟悉系统使用方法，并注意电子文件归档前的管理模式和运行特点。此外，档案工作人员还需要在电子文件管理过程中提前参与。

（二）提前介入的工作内容

在设计办公自动化或电子文件管理信息系统之前，档案工作人员需要与其他相关人员（如项目经理、系统设计师、文件处理人员、业务人员）一起研讨，从档案管理的角度出发，考虑各种因素。例如，哪些文件需要保存，需要保存多长时间，如何对文件信息进行整理和标注，如何使用现代信息技术提供档案利用功能，通过这种方法，可以对文件的归档范围做出有效控制并确保工作质量，从而保证数字化档案的完整性。

在文件处理的过程中，档案工作人员应提前进行记录管理的操作。例如，文件的收集、确立真伪、分类整理等任务。文件收集不是单纯地指收集实体文件并归档，而是包括控制和收集文件内容、文件产生的背景信息以及元数据信息等。此外，还需要及时收集、储存和整理有关文件内容、结构、历史、版本、背景和状态等各方面可能在文件形成时就产生的数据。所有与文件流转相关的收文、发文、会签及其他处理信息，都需及时添加至文件中。所以文件数据经一次数据采集即可永久使用。永久使用的意思是该文件可在其生命周期的所有阶段中使用，包括文件现行期、半现行期以及最终转化为档案的生命周期。文件的伴生物，如背景信息、元数据信息和应用程序阅读器等，它们贯穿整个文件的生命周期，无法与文件本身分离。这些伴生物是文件制作时就随其产生并持续补充的，它们共同确保了文件内容的真实完整性、准确性、可靠性、可读性和有效性，因此不可或缺。

在文件管理阶段，档案工作人员也应提前确定归档范围及保管期限等相关事项。虽然这些事项在纸质档案管理中是在存档之前确定的，但对于电子档案来说，提前确定归档范围和保管期限有特殊的意义。

在数字信息时代，确定电子文件的归档范围和保管期限需要档案部门与文书和业务部门的工作人员共同制定标准和规范，因为这些标准和规范的实施流程与传统的档案管理方式有所不同。档案工作者参与文件（档案）管理信息系统的设计，将文件管理标准和规范纳入系统中，包括文件形成规则、归档范围、保管期限等，这样就能够主动引导系统开发者在软件设计中充分考虑档案工作的需求，从而转变为积极参与者。

电子文件管理工作中，档案工作者的提前介入旨在确保电子文件的即时有效性和完整性，同时也为将来转变为档案时具备必需的属性和价值打下基础。

二、归档文件基础管理与归档制度

（一）归档文件基础管理

档案管理现代化的基础工作包括整理、鉴定和编目归档文件。此外，除了传统档案管理，现代档案管理还要处理网络数字环境下的电子文件及其纸质拷贝文件，并协调与衔接电子文件与纸质文件的管理。整理归档文件的任务与处理文件的工作密切相连，具体表现在归档文件整理的难易程度和质量与文件处理工作的联系方面，不管是采用传统的归档方式还是遵循《归档文件整理规则》，这种联系都变得更加明显。确认文件的保存期限是整理归档文件的重要任务。档案管理工作者需要及时鉴定文件的价值。此外，在归档前，档案管理工作者还需对所归档的文件进行质量鉴定，鉴定文件的质量旨在确保文件内容的真实、原始、准确、完整，并确定文件载体的质量。针对电子文件，除了确认以上内容，还需要检验技术可行性以及核查归档应用程序的正确性和可用性，可以在整理和鉴定工作完成后，或者与电子文件处理同时进行，根据归档制度的要求进行收发文登记，并列出相应的项目。除此之外，还需要对文件进行编号归档处理，先对文件材料进行编号，然后再编制文件目录。

采用电子文件和纸质文件“双轨制”工作，可根据完成文件登记和保管期限的工作情况，确定归档中所包含的项目数据。在这个阶段，档案管理工作人员可以将文件的责任者、文号、标题、形成时间、主题词和分类号等标记数据添加到数据库中。对于纸质的收发文件，可以通过扫描的方式将全文存入电脑中，以便日后查阅；对于电子的收发文件，则只需在系统设计时充分考虑数据兼容性及自动化处理等功能就可方便地进行文件内容的存储、导入，并自动与目录数据库对接。如果某些单位的电子文档管理系统在设计时没有充分考虑到保管档案的需要，或者存储数据的格式不一致，那么在归档和数据移交时就需要考虑转换或导入数据接口、格式等问题。完成数据处理后，需要考虑本单位实际情况决定是否需要打印纸质文件备用，并结合办公系统和档案管理系统做流转和办理工作。

（二）归档制度

制定、完善和执行归档制度时，档案管理工作人员应当根据单位的特定情况考虑，并且还需要遵守国家档案局和相关机构公布的规章、规范和标准。现在，政府为不同性质的单位制定了多种档案归档规则和标准，单位在制定档案管理体系时必须考虑和遵守这些规则和标准。档案归档规则和标准也是保证档案管理现代化工作顺利进行的基础。

三、电子档案管理

（一）电子档案概述

电子档案是指利用计算机技术形成的以代码形式存储于电子介质上的档案。

1. 电子档案的存储介质

电子档案所采用的存储介质主要有硬磁盘、软磁盘、磁带和光盘。

（1）硬磁盘

计算机常用的外部存储设备之一是硬磁盘，其通常内置于计算机主机箱，存储容量因型号而异。由于难以进行拆卸和离线存储，硬磁盘很少作为长期文件存储的介质来使用，同时也不适合作为归档文件存储的介质。

（2）软磁盘

软磁盘属于轻薄便捷型数据存储介质，通常被用于读取和录入信息，同时也可以将其存档备用。它具有体积小、便于脱机存放、价格低、易传递等优点。许多机关都用它存储电子文件。

（3）磁带

磁带又称盘式磁带，可以脱机保存，存储容量大，但使用它存储档案需要配置相应的磁带机。

（4）光盘

光盘是利用激光进行写入和读出的圆盘形记录载体。光盘的容量很大，种类也很多，作为文件记录载体的主要有写入式光盘和可擦除式光盘。用光盘作为计算机的外存储设备必须配置光盘机。

2. 电子档案的特点

（1）信息的非人工识读性

电子档案中的所有信息都被编码成数字的形式，只有通过计算机进行解码才能变成人们可以识读的信息。

（2）信息存储的高密度性

现代的数据存储介质包括磁盘、磁带和光盘，它们相较于过去已经提高了不少密度，尤其是光盘的密度更是有了大幅度的提升。随着科技的进步，这些数据存储介质将会有更大的信息密度。

（3）信息与载体之间的可分离性

电子档案信息可以灵活地进行加工和管理，无需固定的物理位置，且不存在实体形态。因为信息和载体可以分开存储，电子档案信息容易被修改并且不留下痕迹，复制也容易，但是难以确定原始版本和复制版本之间的差异。此外，电子档案信息可以轻松传输和在异地进行查阅、输出。

（4）多种信息媒体的集成性

以前的档案只具备记录一种或两种信息的能力。但多媒体计算机可以将不同呈现形式的信息，如图像、文字、音频和视频等记录在同一个档案中，使得用户可以便捷地获得更加生动、真实的信息。

（5）系统依赖性

要适当地管理电子档案就必须依赖电子计算机系统，因为电子档案的制作、加工和存档等所有重要任务都需要通过电子计算机系统来完成。另外，当不兼容的计算机和应用软件生成的档案进行交换使用时，会面临极大的挑战。

3. 电子文件的种类

电子文件按照信息存在形式和用途，可分为如下类型。

（1）文本文件

文本文件是在计算机上使用文字处理软件和在磁介质上生成的文件，如行政文件、生产工艺文件等。

（2）数据文件

一般来说，数据文件会存储在数据库中。创建数据库通常有两种方式：一种是通过相应的数据库应用程序手动输入数据，另一种是利用传感器设备（如条形码扫描器、A/D 转换器等）自动采集数据。

（3）图像文件

图像文件是使用扫描仪或其他设备所获取的文件，包括照片、各式原稿和图像等。

（4）命令文件

命令文件是用计算机语言编写的程序，用于处理各种任务，属于计算机软件的一种。

（5）声音文件

声音文件是借用音频设备录入或用编曲软件生成的文件。

（二）电子档案管理的原则与体系

1. 电子档案管理原则

根据电子档案的特点，在管理活动中应遵循如下原则。

（1）完整性原则

电子文件可由各部门或个人独立制作，使其呈分散状态。与纸质文件不同，电子文件信息不限于特定的物理位置，所谓的文件实体已经不存在了。因此，无法直观地确认电子文件信息的完整性。为此，档案管理工作人员应该在各个管理环节采用相应的措施，以确保电子文件信息的完整性。电子文件信息的存储不仅包括存储在电子介质中的信息，还应当完整保存相关的程序、软件以及纸质文件。

（2）可读性原则

如果没有支持电子文件的硬件系统和软件系统，一些文件可能会无法识读。这表明电子文件需要依赖硬件系统和软件系统完成存储和识读等工作。因此，要对支持软件、信息格式、可读性技术分析等方面予以特别关注，以确保档案的可读性。

（3）可靠性原则

由于电子文件易于修改，可不留痕迹，人们对电子文件的真实性和可靠性心存疑虑。为确保电子文件的可靠性，需要采取多种技术措施并建立一套制度。除此之外，国家还需制定必要的规定，以确保资料收集、整理、鉴定、复制、调阅等多个环节中的操作都按照规定执行，同时要建立必要的备份机制。

2. 电子档案管理体系

（1）集中统一管理电子档案

目前，许多机关档案室会把电子文件转换为纸质文件，在正式签署后进行归档保存，最初的电子文件则由相关部门保留。因此，各机关档案室需要积极探索新方法，对有价值的电子文件进行归档保存，并实行对电子档案的集中统一管理，这样才能确保档案工作的基本原则得以贯彻落实。

（2）纸质文件和电子档案双套归档

在没有充分的技术保障和整套科学管理制度的条件下，纸质文件和电子档案双套归档的做法是合理的，这是文件介质转换时期不可避免的现象。电子信息技术的发展和各种条件的成熟将会促使越来越多的电子文件转为电子档案，并与各种介质档案同时存在，这种情况将会持续较长的时间。

（3）文件档案管理一体化

随着电子文件与电子档案在日常办公中的广泛应用，它们之间的联系日益紧密。因此，实现文件与档案的一体化管理变得尤为重要。实现文件与档案的一体化管理需确定计算机软硬件的配置、规划网络及节点、确认文件格式和数据库结构、编制索引等。

第四章　信息时代档案管理工作的优化

本章主要内容是信息时代档案管理工作的优化，主要从三个方面进行了叙述，依次是信息时代档案管理工作的机遇与挑战、信息技术在现代档案管理工作中的应用、信息技术应用背景下现代档案管理工作的优化路径。

第一节　信息时代档案管理工作的机遇与挑战

一、信息时代的档案工作概述

（一）信息时代档案工作的特点

1. 扩展了档案工作范畴

这一点具体表现在以下三个方面。

（1）档案存储模式的变革

档案的存储模式已发生变革，它不再局限于传统的纸质形式，而是发展为数字化形式。这种数字化形式主要借助数据压缩技术和高速扫描技术等现代信息处理技术，这使得档案信息的储存与传输速度更快。网络化也为档案服务群体的大众化奠定了基础。

（2）档案服务的受众范围也已扩大。以往档案信息只能为特定群体所利用，现在却能为全社会所共享。这是由于随着档案储存和传输方式的改变，使得更多人能方便地获取并使用档案信息。

（3）人们对档案信息的需求发生改变

以往档案信息的需求通常是单一、个别的，而现在已转变为全社会性、系统性的需求。这种变化反映了社会大众对于信息的需求已变得更加全面且系统化。

2. 丰富了档案工作手段

21 世纪网络科技的广泛应用已对人类的日常生活、产业生产及交流模式产生了深远的影响，同时也极大地丰富和发展了档案管理手段。数字化信息技术的应用，为实现海量数据高效、安全的存储和处理提供了可靠的技术保障，进而有效地减少了人力、物力以及财力的消耗。网络信息检索服务的出现打破了传统档案管理模式的局限性，极大地丰富了档案工作的服务方式，进一步提高了档案利用的便捷性和服务效率。此外，自动化办公和联网技术的应用也极大地改善了档案工作的有效管理，从而在服务时间、空间、效率和流程方面都产生了积极的影响。

3. 档案工作安全要求更高

网络技术的进步正在重塑档案工作的模式，特别是数字化和自动化等方面。然而，这些变革也带来了新的安全挑战，尤其是在国际互联网平台上进行档案信息工作的网络会面临诸多风险和不确定性。例如，黑客可能会针对档案管理网络发起攻击，从而对档案信息安全构成严重威胁。因此，我们必须采取有效的预防措施来确保网络安全，以防止此类攻击的发生。在信息网络平台下的档案管理方面，需要建立有效的备份系统以防止数据丢失，同时也要具备快速恢复能力，以便在发生不可抗力事件时能使档案服务快速恢复正常运作。

虽然信息网络技术为档案管理带来了诸多便利，但作为新兴领域和技术，需要制定规范的制度标准来加强信息网络技术下的档案管理。此外，需要通过立法来规范电子档案的管理，以确保档案网络信息资源的真实性和安全性。

（二）信息时代档案工作的要点

1. 加强信息档案立法

首先，应从更为宏观的视角出发，解决信息档案的立法问题。通过加强档案工作的法治建设，可使数字信息的管理由无序状态转变为国家法治宏观管理体系的一部分，从而推动科技进步及其在各领域的应用。这是完善档案工作的重要基础。

其次，需要关注信息数字档案失真的立法问题。我们应当进一步优化《中华人民共和国档案法》，增加针对信息档案管理的法律条款，从立法角度解决信息档案资料在法律效力方面的问题。这涉及档案的真实性、完整性、可靠性以及合法性问题，这些问题在法律条款的制定中应得到充分考虑。

然后，应解决信息数字档案的安全立法问题。网络安全问题已成为计算机网络领域亟待解决的关键议题，同时，它也是在构建数字档案馆过程中必须面对的严峻挑战之一。因此，针对信息数字档案的安全问题进行立法，可以有效预防针对信息档案发生的犯罪，确保网络安全，这是确保档案工作正常运行的重要保障。

最后，还需要解决信息数字档案管理人员的队伍建设问题。结合档案管理工作的实际需要和网络信息技术的特点，通过立法确定档案工作人员的从业资格，以提高档案干部队伍的整体素质和应用信息技术的能力。这是提升档案工作质量的重要途径。

2. 加强信息技术应用

为了提高网络信息数字档案管理与应用的效果，我们有必要采取一系列有效的措施。首先，加强网络硬件建设是不可或缺的步骤，这包括对各级档案部门的网络基础设施进行改善和优化，从而为社会利用信息和信息资源服务提供便利条件。其次，网络资源建设同样至关重要，这包括网络信息资源的采集、整理和开发，尤其是特色档案馆信息资源库的建设。优化以档案信息资源检索为主的网络系统，实现网络档案信息便捷查询的关键方式，涉及对网络和数字化馆藏的检索服务和网络资源的检索服务。通过在馆际共享系统中设立专门的页面，可以有效提升信息资源服务的效果，同时为用户提供关于各种数据库使用方法及注意事项的详细指南。最后，通过友好的人机交互，在互联网环境的支持下，用户可以更好地了解所需信息资源的分布情况，并可以通过这个交互系统获取所需的信息。

为了充分发挥网络档案馆的优势，我们应该积极强化 21 世纪的共享数字档案馆合作网络。针对互联网上信息资源无地域限制、无围墙的特点，我们应该破除时空和馆藏的限制，积极实现网络档案馆资源的共享。各档案馆需要积极参与共享和共建网上的信息资源，通过互联网享用他人的数据库，融入社会互惠互利的资源共享中，逐步增加可供检索数据库的数量，营造最佳的信息利用环境。此外，还需要强化自身的特色数据库建设，力争成为网上信息资源的提供者。这些措施的中心思想是实现网络档案馆之间的资源共享和互利共赢，为社会提供更优质的信息服务。

二、信息时代档案管理工作的挑战

在信息时代，信息技术在各个领域中都发挥着重要作用，信息技术改变了人们的生活方式、思维方式和工作方式，对档案管理工作也产生了重大影响。

（一）档案保密工作方面

在信息技术的推动下，档案管理与使用进入了新的阶段，效率得到显著提升，同时也面临着前所未有的挑战。一些不法分子可能利用远程计算机网络技术，以隐蔽的方式获取敏感信息，如植入木马程序，这让人防不胜防，而且跨国攻击更难以及时发现和防范。因此，档案管理工作者必须对档案存储和运行状态进行实时严格的监控，并处理好档案管理信息系统与局域网，特别是互联网之间的安全关系，强化网络监管，构建坚实的防御体系。涉及机密档案的部门还需进一步监控或限制使用互联网的计算机或员工行为。对于保密的电子文件，应通过加密和设定用户权限等手段，借助网络安全设施如“防火墙”等防止信息泄露。此外，档案管理部门还需实时关注档案信息的传播情况，一旦发现信息流传范围扩大、用途发生改变甚至出现泄露事件，应立即采取有效措施将损失降至最低，并且对责任人和不法分子严惩不贷。除了信息泄露风险，档案管理在信息时代还面临数据丢失的挑战，计算机出现故障或操作失误都可能导致某些重要信息的意外丢失。

（二）档案管理人员素质方面

随着信息时代的到来，档案管理工作的挑战日益凸显。在智能化档案管理的背景下，对档案管理工作人员的素质也提出了新的要求。在新时代，档案管理工作者不仅应具备扎实的理论基础、熟练的实际操作能力、良好的外语水平和运用现代化设备的综合能力，还应具备一定的文化知识背景，掌握先进的计算机技术和网络技术等信息技术。因此，提高档案管理工作人员的素质在当前显得尤为重要。

此外，信息化进程的不断发展对档案管理人员职业道德和政治素养的要求也日益提高。在信息时代，档案管理人员特别是那些涉及机密档案的管理人员，应具备强烈的职业责任感和敬业精神。为确保档案的保密性，防止机密信息泄露，管理人员需对信息传播进行严格控制，这不仅需要自我约束，还需严格遵守相关规定，杜绝计算机与网络的违规使用。同时，应对身边发生的事件给予足够的重视，积极汲取经验教训，增强自身的防范意识。这些举措的核心是确保档案的安全性。

（三）数字语境下档案价值鉴定方面

档案鉴定的任务包括确认档案的真实性和评估其价值。真实性鉴定主要涉及对档案内容进行仔细核查，以及验证档案的来源、载体和其他相关标志的真实性。因此，为确保档案的真实性，需要对档案的内容进行真实性评估，并全面考察档案的来源、载体和其他标志的真实性，以及分析这些元素之间是否存在相互印证的关系。

然而，当前信息化和智能化的发展带来了一系列挑战。首先，复制档案的便利性使得档案的初始来源难以追溯，这对档案的真实性产生了严重影响。其次，档案实体的存在感逐渐隐蔽，载体表现出日益显著的统一化和数字化趋势，这进一步增加了档案真实性鉴定的难度。此外，档案标志在高度仿真的复制中失去了其独特性，也使得档案真实性鉴定的难度逐步加大。最后，档案价值鉴定工作涵盖了评估档案价值、确定保管期限，以及根据评估结果销毁无保存价值的档案等内容。在这个过程中，档案的真实性是价值评估的基础。然而，由于信息时代的诸多挑战，真实性的判断变得越来越棘手。因此，当前环境下，档案的价值鉴定已成为一项极度复杂的工作。

三、信息时代档案管理工作的机遇

（一）档案存储、检索和复制便捷

在过往的岁月中，我们主要依赖实体档案或纸质资料进行档案的存储和管理，这给档案管理带来了诸多挑战。首先，档案存储空间的有限性与档案数量不断增加之间的矛盾日益突出。此外，大量档案资料使分类、编目和存储工作的难度加大。另外，实体档案或纸质资料在保管过程中存在一定的困难。例如，一些年代久远的珍贵资料可能受到环境因素和虫害的侵扰而损坏，而有些珍贵的孤本历史档案资料只能在特定的储藏柜内尘封，一般读者难以接触到这些资料。然而，随着信息技术的快速发展和普及，档案工作人员拥有了一种解决这些问题的新途径。通过采用先进技术如影像化、数字编码和电子文档录入等对实体档案和纸质资料进行处理，并利用计算机或移动硬盘的大容量存储功能，相关人员可以建立一个与实体档案馆相对应的虚拟档案馆，尤其对于那些无须保留原件或纸质资料的档案，经过这样的信息化处理之后，大部分日常工作无须再翻阅原件。这种处理方式不仅有利于档案的保存，还有利于珍贵资料和历史资料的保护。

相较于传统的档案管理方式，信息技术提供了更方便快捷、更准确的检索方式，同时也有利于珍贵资料和历史资料的保护。具体来说，信息技术能够有效地解决实体档案存储空间不足和分类编目工作量大等问题。建立虚拟档案馆可以将档案信息集中在同一系统中进行管理，并使用大型数据库集中存储全部数据，从而提高了检索速度和方便性。此外，对于不宜经常翻阅原件档案的情况来说，信息技术也更具优势。这些变化的出现要求我们更好地掌握和应用信息技术，建立更完善、更高效的档案管理模式，以更好地服务于社会。

此外，信息技术在档案管理中的应用还为档案管理部门履行社会服务职能提供了便利条件。保密工作虽然是档案管理的重要组成部分，但不能因此而中断档案的社会服务功能。在法律允许的范围内，档案管理部门应依照相关规定和程序，满足公众对档案服务的合理诉求。通过档案的信息化处理，可以在不涉及档案实体的情况下进行电子化查阅，同时利用计算机的复制功能还可以快速制作电子档案副本，以适应多元化的社会需求。这不仅节省了时间，还有利于档案原件的妥善保存。

（二）档案编研更加便利

信息技术在档案管理中的应用可以通过对档案原件进行数字化处理，提高档案管理效率、档案利用效率和档案服务质量。通过对电子文档进行编号、排序和规范化存储，可以更好地管理档案资源，避免档案遗失和损坏。同时，信息技术还可以为档案研究工作带来便利条件，减少烦琐的手动操作，提高研究效率。利用计算机系统可以保证在档案利用工作中做到以用户为中心，通过为用户主动推送所需的档案信息来提供更方便快捷、更广泛的个性化服务。这种方式不受档案实体限制，而是借助计算机系统来实现，包括文件下载、网上数据库查询、网页浏览等功能。实行智能化管理还可以促进档案管理工作的可持续发展，提高管理效率和相关数据的客观真实性。在档案信息化处理过程中，要注意确保档案的真实性和完整性。在将纸质档案数字化处理成电子档案时，需要采用一定的技术手段和设备确保电子档案的真实性和完整性。同时，需要建立完善的档案信息化管理制度和技术保障体系确保档案信息化管理的规范性和有效性。可见，信息技术在档案管理中的应用可以有效地提高档案管理效率、档案利用效率和档案服务质量，同时为档案管理工作的可持续发展奠定了基础。

（三）档案管理工作系统性加强

传统的档案管理方式主要采用割裂式的管理方法，不同行业之间因行业壁垒而导致信息交流不畅，甚至同一行业内部门之间的资源共享也有困难，这种分块式的管理方式导致成本高、效率低，增加了服务对象的负担。然而，通过档案的信息化处理和智能化管理，各档案管理部门可以在法律框架内实现信息网络化和资源共享。在信息时代，大量的档案信息不再是孤立的个体，而是成为档案信息网络中的一部分，这不仅形成了分层的档案资源体系，还可以通过互联网与国际档案界进行交流，使档案领域的各种资源与信息为人所共享。例如，在办理财政、税务、商务、投资、职称晋升等事务时，如个人信用档案已实施智能化管理，当事人就无需再提供相关佐证材料，有关部门只需通过相关渠道调阅其信用记录和信用等级即可。

第二节　信息技术在现代档案管理工作中的应用

一、影像技术

影像技术包括多媒体、流媒体、3D展示、数码压缩、触摸屏等技术，该技术对档案信息化管理的影响如下。

第一，影像清晰度的日益提高使多媒体档案的记录质量和利用价值进一步提升，为档案的编研和社会服务开辟了新的领域。同时也使影像档案存储更加海量化，这对档案的收集、整理和长期有效保存提出了新的挑战，并对档案存储密度和档案信息传输的带宽提出了更高的要求。

第二，流媒体、多媒体和数码压缩技术的日益发展，将使多媒体档案的网络传播速度更快，编辑效率也更高，终端播放更加流畅。

第三，多媒体编辑工具的功能日益强大，并向移动终端延伸，为档案多媒体编研技术的普及创造了条件，也将促进档案多媒体编研工作的广泛开展。

第四，3D展示技术提供了档案虚拟展览手段，在档案信息的网络展览和社会化传播方面将有广阔的用武之地。

二、图像采集与识别技术

为了适应多媒体和全媒体技术的飞速发展，近年来计算机图像采集与识别技术日新月异。

（一）图像采集技术

数码摄影、摄像、扫描等图像采集设备的功能日益强大，使用日益便捷，由此催生了海量的、高质量的图像信息。一方面，使多媒体档案的收集、整理、保管、保护工作面临巨大的压力和难题；另一方面，为档案资源增添了大量生动直观的优质信息资源，弥补了传统文字档案可视化不足的缺陷。

（二）识别技术

生物识别、图像识别、磁卡识别、电子标签识别等识别技术的日益成熟和成本的降低，为档案信息化的应用创造了充分的条件，在辅助档案实体的档案进出库登记、借阅登记、归还登记、入库档案清点、档案库房安全管理工作等方面有着广阔的应用前景。

识别技术中还包括手机二维码技术和光学字符识别技术。手机二维码技术已经广泛应用于社会各领域，也可用于档案用户身份识别、文件防伪和网站快速定位等，可显著提高档案信息主动推送和档案网站快速访问的效率，进一步促进档案事业的社会化。光学字符识别技术能使图像信息迅速转换为文字信息，便于将目前大量扫描形成的图像档案文件转换为数据档案，为档案的内容管理和全文检索奠定了宝贵的基础。

三、移动终端技术

移动终端技术包括 5G 通信技术、电子阅读器技术等。该技术对档案信息化有着以下重要影响。

第一，基于 5G 通信的移动技术，使过去的移动脱机终端向移动互联网终端发展，可将任何公开的档案信息在任何时候提供给任何地点的档案用户，使档案利用一定程度上打破了时空障碍。

第二，终端的移动性更强，智能化程度更高。智能手机、电子阅读器等终端设备的普及，使档案的远程移动检索成为可能。

第三，智能终端操作系统及应用技术迅猛发展，为档案信息采集、处理、编辑、利用、传播提供了丰富的功能，也为档案事业发展提供了有力的技术支持。

第四，人机交互技术日益更新，包括触屏技术、语音处理技术、体感动作识别技术等使移动终端的用户界面更加友好，吸引了越来越多的档案用户，进一步扩大了档案工作的社会影响力。

四、融合技术

融合技术包括“三网融合”“三机合一”和物联网技术。“三网融合”是指电信网、广播电视网、互联网三类网络的融合。“三机合一”是指电视机、计算机、手机三类终端之间的信息互联及功能优势互补。“三网融合”是“三机合一”的基础。物联网是物物相连的互联网，其核心和基础仍然是互联网，可通过识别器、传感器、控制器等技术实现人与物、物与物之间相连。融合技术对档案信息化的影响如下。

第一，档案信息系统只要搭上“三网融合”“三机合一”的平台，就将显著提升其社会影响力。

第二，物联网将进一步提高档案自动化管理水平，在自动调阅档案、手机遥测并控制档案库房温湿度等方面有着广阔的应用前景。

五、云计算技术

云计算主要应用于大型数据计算领域，在涉及大量数据处理时应用云计算可以较大地提高工作效率。档案的信息化建设是一项十分重要的工作，档案管理工作艰巨而复杂，将云计算技术引入档案的信息化建设中来，可使数据处理效率提高并使存储安全性显著增强，这是档案管理信息化建设过程中应采取的一项重要举措，对于档案的信息化建设具有重要的战略意义。

（一）云计算技术的内涵

云计算技术是目前信息技术领域的研究热点之一，也是社会各界关注的焦点。云计算是基于已存在的网格计算、分布式计算、并行计算、效用计算、虚拟化技术等提出的一种新的计算模式与服务模式。云计算通过网络将某计算作业分布到很多的分布式计算机上。通过网络中央虚拟化的资源池，用户能够根据自己的需求将资源切换到不同的应用服务上，并根据自己的需求访问不同的计算资源和存储系统。云计算作为一种并行与分布式计算方式，通过网络将计算、存储和软件等各种异构资源集中起来，形成一个巨大的虚拟资源池并进行统一管理和对外服务，形成了以用户为中心的“按需所取，即用即付”的业务服务模式，用户可以随时随地使用任何终端设备接入互联网获取相应的服务并支付费用。

（二）云计算应用于档案管理的意义

档案在信息化的过程中可能面临着收集不齐全、整理不规范、利用率低等问题。云计算具有存储安全性强、数据分析处理性强、数据利用效率高等特点，可以简化档案信息化过程，并能更好地实现档案的收集、存储和使用。

档案信息化过程往往需要耗费大量的人力、物力，而在云计算模式下，数据存储处理和服务可由云平台提供。使用云计算技术只需投入少量的管理终端和云接入设备，节省了资金。

云服务提供商还可以提供日常维护服务，保证了档案的安全管理和高效使用。首先，云计算的应用可以实现档案信息资源的全面收集、整合，繁杂的信息收集过程通过云计算的高效、快速处理而变得简单，通过具有强大数据存储处理功能的平台实现了海量存储、有效管理和全面整合。其次，云计算还可以提高档案信息利用率。通过云平台可以随时随地进行档案管理与使用，脱离了单一机器设备，使得档案信息管理更加灵活。云环境下的管理者和使用者可以更加便利地进行信息共享和传递，使档案信息不局限于局部系统中，较大提高了档案信息资源利用率。最后，云计算的使用还可以缓解人员压力。档案专业人员缺乏问题较为严重，使用云计算可以简化操作，方便非专业工作人员进行操作。

六、存储技术

随着数字信息存储技术的飞速发展，现涌现出存储区域网络、网络附属存储、云存储、固态硬盘、存储卡、磁盘阵列、磁带库、光盘、光盘塔、光盘库等新型存储技术和存储设备。该技术对档案信息化有着重要影响。

（一）海量化存储技术

海量化存储技术的特点是存储海量化、载体密集化。其存取快捷化一方面有利于发挥大数据电子文件存储密集、传播方便的优势，有利于大容量多媒体电子档案的长期保存，但另一方面增加了电子档案信息失窃、失真、失密的风险，使电子文件安全保管面临更大的挑战。

（二）集群存储技术

多台服务器团队作业的集群存储技术能显著提高档案信息系统的快捷性、稳定性和灵活性，有利于大数据档案的安全存储、高效处理和广泛共享。

（三）自动采集元数据技术

如今计算机的各种移动终端都可以为我们的操作行为自动留痕。手机和相机的摄影、摄像都可以自动记录拍摄的日期、位置（GPS 信号）、版权等元数据，有效地保护、管理和利用这些信息，可以使电子文件元数据管理真正从理论探索走向实践，显著增强电子文件的真实性、完整性、有效性和还原历史的能力，由此确保电子文件的档案价值。

（四）固态硬盘技术

固态硬盘技术的普及将使信息存储更加稳定、处理更加快捷，也使移动终端更加轻便、省电。这将有利于档案数字化信息的长期保存和保护，同时也将加速档案服务终端的移动化进程。

（五）云存储技术

云计算存储系统是指利用集群应用、网络技术或分布式文件系统将大量不同类型的存储设备集合起来，通过应用软件协同工作，向外网提供数据存储和业务访问功能的系统。云存储有以下三种类型。

1. 公有云存储

公有云存储是为大规模、多用户而设计的云存储平台。其所有组件都建立在共享基础设施上，通过虚拟化、数据访问、管理等技术对公共存储设备进行逻辑分区，按需分配。其优点是有助于用户减轻存储的成本和管理的负担，缺点是放在公有云上的信息容易被入侵、窃取、破坏。

2. 私有云存储

私有云存储别名内部云存储，是专为特定用户在数据中心环境下设计的云存储，其主要目标是满足安全性和性能的需求。然而，较差的可扩展性导致它更适用于对安全性和性能要求较高的数据中心来建设。

3. 混合云存储

混合云存储是为了弥补公有云存储和私有云存储的缺陷，兼备两者的优点而设计的云存储架构。它既包含能接入公共网，提供广泛的应用和服务的公有云存储，又包括建立在内部网，面向某专业业务应用，采取严格安全管理措施的私有云存储。其目标是在公有云上存储开放的、需要面向社会的、广泛共享的档案信息；在私有云上存储需要保密或供内部业务使用的档案信息。由此，最大限度地实现档案管理系统的共建和共用，要实现数据库资源的互联和共享；实现档案信息资源跨系统、跨平台、跨地域的网络化应用，消除信息孤岛；节约系统建设、运行、维护和管理的成本；降低信息安全的风险，实现档案信息资源的大集成和大整合，最大限度提高档案信息化综合效益。

七、数据库技术

把纸质档案转向电子档案是档案信息化建设的重要一环，为此，要加强数据库建设。在档案信息化过程中，数据是档案信息的载体。数据库技术是信息化系统的基础，所有对档案的存储、管理、查询及保护等操作都要直接或间接地通过操作数据库来完成。在互联网技术高速发展且基本成熟的环境下，档案信息存储与传递的媒介形式因技术进步而发生了一系列的变化，承载电子文件和电子档案的各类业务平台在信息的表现形式和管理方式、方法等方面也发生了一系列的变化。为适应这些变化，要求提高电子文件和电子档案管理的质量，保证平台具备安全性、系统网上交接、脱机存储、归档互联、容灾处理等能力，把资源、技术、平台、管理和服务有机地结合起来。

在档案管理过程中，应采取有效措施推动纸质档案向电子档案转变，并建立全新的数据库系统。首先，利用先进的设备对纸质档案进行扫描，进而实现全文本数据的全面导入，并建立相应的目录数据库。其次，基于网络共享模式和多功能平台，采取多媒体开放和虚拟特性等措施来增强档案信息的安全防护。使用者需要进行实名身份验证并实施实名制的管理，从而确保档案信息的安全性和可靠性。最后，通过安装网络防火墙、配备杀毒软件等措施构建更有效的档案管理的安全保障体系。随着信息化布局的不断推进，档案技术的运用也日益普及，因此学习和了解档案管理知识对于更好地推进这项工作至关重要。

八、档案信息安全技术

在信息时代背景下，电子档案是一种高科技产物。为了维护电子档案的真实性与安全性，信息安全技术的应用必不可少。安全技术包括数字签名、数字印章、数字加密、防火墙技术、备份技术等。下面就维护档案信息安全方面采取的现有技术措施展开详细分析。

（一）信息认证与恢复技术

1. 签署技术

一般情况下，电子档案签署技术包含手写式数字签名与证书式数字签名。其中，手写式数字签名是将专门的软件模块嵌入文字处理软件内部的签名，用户运用特定的光笔进行签名，或者运用压敏笔将名字签在手写输入板上，这种方式类似于纸质文件的亲笔签名。证书式数字签名则是发件方采用密钥对文件实施加密处理，在数字签名生成后，与文件共同发出。

2. 加密技术

对电子档案信息加密是加密技术的主要功能之一。就加密技术的加密方法而言，通常采用“双密钥”的传输方法。在网络传输中，加密通信者同时拥有加密密钥与解密密钥，这两个密钥是完全不同的。一般来讲，加密密钥是相对公开的，而解密密钥则完全保密。发件方在发件时采用的是公开密钥，而收件方在解密时采用的是只有自己知道的密钥。所以即使有不法分子将密文截获，也是难以解密的。从这个角度来讲，加密技术对于电子档案信息的安全起到了重要的保护作用。

3. 身份验证

身份验证一般是指将由数字、符号或字母等组合而成的“通行字”分配给合法用户，并将其表示为用户身份。用户要想访问系统，就必须将代表自己身份的“通行字”输入，由计算机对其“通行字”与用户其他资料进行验证。当验证结果为合法用户时，用户才有权限进入系统进行访问；如果未通过验证，则无法获得进入系统权限。目前，银行系统所使用的用户密码验证采用的就是身份验证技术。

4. 防写措施

只读存储光盘（CD–ROM）位于计算机外存储器中，仅供用户读出信息而不可再次写入或删除。而一写多读光盘（WORM）则是一种不可逆式记录介质，用户一次写入可多次读出，可追加写入但不可删除原有信息。在电子档案信息管理中，运用 WORM 光盘能在一定程度上提升档案信息的安全性，避免用户对档案信息进行更改或删除。当前，在计算机软件的设置项中，可将文件设置为只读状态，即用户可读出文件信息，但不可对文件信息进行任何修改。

5. 硬盘还原卡技术

硬盘还原卡技术指的是用户对硬盘内电子档案的信息可随意更改、增减或删除，在关机重启系统后，硬盘恢复原有状态。运用此技术，用户的所有操作行为均不会在档案信息上留下任何痕迹，这就为电子档案数据信息的原始性与完整性作了重要保障。

（二）防病毒技术

计算机病毒作为一种破坏性极强的计算机特殊程序，其自我复制功能非常强大，在非授权状态下可侵入数据文件及执行程序中。早在 20 世纪 80 年代中期，计算机病毒就已经出现，经过几十年的发展，计算机病毒数量飞速增加。现如今，网络病毒的出现，导致计算机网络安全问题频出。在信息时代背景下，对计算机病毒的查杀已经成为档案信息管理工作的重中之重。

1. 计算机病毒防治

在电子档案信息管理工作中，对计算机病毒的防治要首先明确管理观念，坚持“预防为主、防治结合”，避免计算机病毒在各个计算机软件中传播，同时要加强对已存在病毒的抑制，防止其影响其他计算机。另外，计算机病毒的传播具有非常强的主动性，所以必须采用人为干预的方式，从计算机病毒寄生对象、传播途径与驻留方式等方面入手加以防范与管理。

2．综合运用多种软硬件技术

在电子档案信息管理中，只要发现计算机病毒的踪迹，就应立即对病毒盘进行清理，重启计算机，对计算机病毒进行彻底查杀。同时，要加强对重要信息的保护，借助相关软件将重要信息存储于安全之处。应建立健全防毒规章制度，对软硬盘及其相关系统进行定期检查，加强对重要数据盘与系统盘的备份管理，在计算机上安装最新版本的杀毒软件并定期升级。

（三）信息备份

信息备份作为维护档案信息安全的辅助措施，能通过对档案信息系统的有效恢复，确保档案信息不受安全威胁。

1．备份技术

最初阶段的备份多指简单的复制，后期经过磁盘镜像与双工逐渐升级为现在的镜像站点、灾难恢复方案以及服务器集群技术等先进技术。

在日常工作与生活中，用户应用最为广泛的备份技术主要是磁盘镜像与磁盘双工技术。其中磁盘镜像通过在同一通道上的成对磁盘驱动器与盘体，实现对同一份文件或资料的连续性更新与存储。在使用过程中，如果其中一个磁盘发生问题，另一个磁盘并不会受到影响，能够继续独立运行。磁盘双工则是两个磁盘位于不同通道，通过镜像的方式来保护文件或资料不受损坏。

2．备份系统

备份按其范围分为数据备份和系统备份。数据备份是指为防止数据丢失或损坏，将计算机系统中的数据复制到后备存储器中的过程。系统备份是指对整个计算机系统包括系统软件、应用软件、数据库管理系统、数据资源、系统管理参数等进行的备份。系统备份的目的是防止因软硬件故障、计算机病毒或人为误操作等原因造成计算机系统不能正常启动或运行的问题。数据备份则仅对系统中存储的数据进行备份。显而易见，系统备份应当包括数据备份，系统备份的范围要比数据备份的范围大得多。由于档案数据量浩大，增长迅速，保真要求高，安全管理要求严，因此，加强档案信息安全的主要措施是加强档案数据备份。以下主要介绍数据备份的内容和要求。

（1）数据备份技术

数据备份技术分为热备份和冷备份两种。

①热备份

热备份是动态、实时的备份。其优点是备份时间短，备份时数据库仍可使用。

热备份技术可以瞬时恢复几乎所有的数据库实体，其恢复速度可达到秒级，因此在大多数情况下，热备份技术不会干扰数据库的正常运转。然而，如果热备份过程中出现任何失误，就可能导致严重的后果。如果热备份操作失败，无法使用其结果进行时间点的恢复，因此在执行此技术时必须格外谨慎。

②冷备份

冷备份是静态、定时的备份。其优点是容易操作，容易恢复到某个时间点上。冷备份技术可以与归档任务配合，帮助我们还原数据库至最佳状态，其操作简便且具有高度的安全性。然而，它的不足之处在于，如果单独使用，只能将数据恢复到某个特定的时间节点，同时在备份过程中，数据库将不得不关闭，无法执行其他任务。另外，如果磁盘空间有限，备份速度将会变得非常缓慢，需要将数据复制到磁带等其他外部存储设备上。

（2）数据备份的载体

档案备份的介质有硬盘、磁带、光盘、纸、缩微胶片等，其选择要注意以下三个方面。

第一，电子档案一般用硬盘、磁带、光盘介质来做备份。为防止电子档案被修改，可利用一写多读光盘只读的特点，将其作为电子档案长期存储的载体。

第二，具有永久保存价值或者其他重要价值，且未形成纸质或缩微胶片备份件的电子档案，应当同时形成一套纸质或缩微胶片备份件，即进行数转模处理，以确保该类档案的长期有效性。

第三，档案备份应当同时采取本地备份和异地备份的方法。本地备份是指将备份内容存储于实施备份单位同一建筑或建筑群内。异地备份分为同城异地备份和远程异地备份。同城异地备份是将备份内容存储于本市与实施备份单位不同地域的场所；远程异地备份是将备份内容存储于外地适当的场所。远程异地备份的场所应当选择在与本地区相距 300km 以上，不属同一江河流域、不属同一电网、不属同一地震带的地区。

（四）网络传输安全技术

1．防火墙

防火墙主要通过在系统网络与外部网络连接点设置障碍的方式实现对非法入侵行为的阻止，同时还能避免系统网络内专利信息与机要信息的输出，以此保证系统网络的安全。

2．虚拟专用网

虚拟专用网作为电子档案传输专用网络，将安全信道建立在两个系统中，以保证电子数据的传输安全。在虚拟专用网络中，传输双方相互熟悉，且传输的数据量非常大，在获取双方一致认同的情况下，通过运用复杂的认证技术与专用加密技术能进一步保障电子档案信息的传输安全。

3. 网络隔离计算机技术

网络隔离计算机技术能在同一台计算机上同时实现内网与外网功能。其中内网为系统内部保密网，外网则是互联网。通过对网络隔离计算机技术的运用，即使外网遭受非法入侵，内网系统的安全也是可以保障的。

九、设备安全技术

物理层面的关键技术对档案信息化建设十分重要，如设备安全技术。狭义的设备安全技术包括物理设备的防盗、防止自然灾害或设备本身原因导致的毁坏、防止电磁信息辐射导致的信息泄露、防止线路截获导致的信息毁坏和篡改、抗电磁干扰和电源保护等。广义的设备安全技术是指用物理手段保障计算机系统或网络系统安全的各种技术。为提高设备安全性，通常采用技术手段，包括防复制技术和硬件防辐射技术等。

（一）防复制技术

“电子狗”是一种采用软件加密技术的独特工具，其主要应用目的是防止软件被复制。在软件运行前，需将这个小巧的设备插入指定的硬件接口上。在程序运行过程中，主程序会向该接口发送一种询问信号。如果“电子狗”成功返回响应信号，这表明它是合法且能够继续运行的；否则，表明它是非法或不可用的，此时程序会终止执行。机器签名技术是另一种常用的防复制技术，它通过计算机内部的芯片，如只读存储器（ROM）存储设备的唯一标志信息，实现软件与特定设备的绑定。如果软件检测到当前环境并非特定设备，就会拒绝继续执行。为了防止被破解，还可以在计算机中安装一个专门的加密、解密处理芯片，将密钥储存在此芯片中，并以加密形式发布软件，只有当用户密钥与用户设备匹配时才能正常运行。然而，这种方法每次运行都需要解密，降低了程序的运行效率。

（二）硬件防辐射技术

人们在考虑问题时常常会对某些可能发生的问题估计不足，缺少防范心理。在考虑计算机信息安全问题时，往往也会出现这种情况，如一些用户常常仅会注意计算机内存、硬盘、软盘上的信息泄露问题，而忽视了计算机通过电磁辐射产生的信息泄露。我们把前一类信息泄露称为信息的明泄露，后一类信息泄露称为信息的暗泄露。对计算机与外部设备究竟要采取哪些防泄露措施的判定，应根据计算机中信息的重要程度而定。一些常用的防电磁泄漏措施有整体屏蔽、距离防护、使用干扰器和利用铁氧体磁环等。

十、涉密数据迁移技术

（一）数据迁移概述

1．数据迁移的概念

数据迁移是指将旧系统中的机密数据转换并安全传输到新系统中的过程。在旧系统使用期间，数据可能已经积累并存储在数据库或其他数据存储设备中。在切换到新系统时，必须将这些数据迁移到新系统中以保持数据的完整性和安全性。数据迁移需要采取严格的安全措施以确保数据在迁移过程中不被泄露或篡改。多数涉密信息系统废止并进行系统切换时，一般都需要进行数据迁移。

2．数据迁移的特点

数据迁移的特点是需要在短时间内完成大批量数据的抽取、清洗和装载。在规划整个数据迁移时，需要从信息系统规划的角度统一考虑，并从纵向的时间和横向的模块两个角度去考虑划分内容。

3．数据迁移的方法

数据迁移可以采取不同的方法进行，归纳起来主要有三种方法，即系统切换前通过工具迁移、采用手工录入、系统切换后通过新系统生成。

4．数据迁移的策略

数据迁移的策略是指数据迁移采用的方式。结合不同的迁移方法，主要有一次迁移、分次迁移、先录后迁、先迁后补等方式。

（二）数据迁移安全保密管理

在数据迁移和新旧系统更替过程中，为了保障涉密信息的保密性、完整性和可用性，必须从技术和管理两个方面采取切实可行的安全保密措施，保护国家信息安全，具体措施有如下几种。

第一，制定涉密数据迁移方案，并通过有关部门审批。

第二，制定数据迁移安全保密管理规章制度。

第三，涉密数据迁移工具的开发、测试工作应在模拟环境中进行。

第四，涉及未加密涉密信息的数据迁移工作应由涉密系统的业务应用人员完成，维持原有的知悉范围。

第五，开发技术人员不应接触到未加密的涉密信息数据，只能用模拟数据进行开发测试。

第六，开发技术人员进入涉密信息系统现场应由相关保密工作机构人员陪同监督。此外，新旧系统的过渡应该快捷、平稳，以保障涉密信息系统建设使用单位业务工作的连续性。

（三）涉密设备与涉密载体废止

涉密信息系统升级改造完成后，若新涉密信息系统运行、应用良好，应对旧涉密信息系统中不再使用的涉密设备与涉密载体妥善处理，确保国家信息安全。废止的涉密设备与涉密载体的处理主要是进行信息消除和载体销毁工作，信息消除和载体销毁所采用的技术、设备和措施应符合要求。

在进行涉密设备和涉密载体的信息消除和载体销毁过程中，为确保安全性和合规性，需遵循一系列严谨的审批和监督程序。首先，使用部门需提交详细的销毁申请，该申请需经过技术部门或其他相关部门的专家评审，并需获得相关主管领导和保密工作机构的审批。其次，在获得批准后，销毁工作需在保密工作机构的严格监督下，由相关部门进行集中处理。在销毁作业开始前，承办人和销毁人需对销毁对象进行认真检查和核对，以防止任何误销毁情况的发生。最后，在实施销毁过程中，必须采取有效的技术手段以确保涉密信息或数据无法被恢复或还原。

除了上述技术之外，档案管理工作中还有很多应用频繁且重要的信息技术，如计算机检索技术、保密检查技术等。

第三节　信息技术应用背景下现代档案管理工作的优化路径

一、馆藏数字化档案信息资源建设

随着数字科技的持续发展，档案馆所面临的环境产生了变革。文书档案的创建部门已基本实现自动化办公，使得档案记录由纸质形式转变为电子文件。此外，纸质文件与电子文件并存的局面也已形成。因此，档案馆需要及时调整并改革其馆藏档案信息的构建模式，拓宽接收归档电子文件的范围，并积极搜集各种类型的归档电子文件。对于档案馆的管理者来说，他们必须紧跟科技发展的步伐，认真思考如何建设馆藏数字化档案信息资源的问题。为此，他们需要深入开展调查和研究工作，找出存在的不足之处，并为馆藏数字化档案信息资源建设工作提出高效的解决方案。

（一）馆藏数字化档案信息资源建设内容

馆藏数字化档案信息资源建设内容涵盖十分广泛，可以概括为以下四个方面。

1.数字档案信息收集与档案信息数字化

数字档案信息收集与档案信息数字化是各级各类档案馆在档案资源信息化建设中的主要任务。只有加快数字档案信息收集与档案信息数字化工作的速度与进程，才能不断夯实档案馆数字化工作的基础，这也是馆藏档案实现远程服务的必备条件。

2.数字化档案利用专门资源信息库建设

在馆藏数字化档案信息资源建设的过程中，应着重于构建面向公众开放的数字化资源库。只有合理地投入人力资源，将已解密的馆藏数字化档案信息资源有效整合并建立专门针对外界服务的数字化资源信息库，档案馆才能通过档案网站这一平台将信息公之于众，以实现对外数字化档案信息服务的目标。

3.数字化档案信息资源编研成果库建设

为了有效利用档案馆的数字化档案信息资源，编研人员需依据当前馆藏数字化档案信息资源的实际情况展开研究工作。特别地，编研人员将相关文件材料整理成册，并创建了数字化的专题汇编等研究成果。这些成果可以为档案使用者提供优质的服务，因而能够更好地满足他们的需求。

4.档案馆间馆藏数字化档案信息资源共享

档案馆作为历史与文化的守望者，应当充分挖掘其丰富的馆藏资源，积极推动档案信息资源的数字化发展并实现共享。档案馆应发挥其馆藏优势，对各类档案进行详尽的数字化处理，从而建立起具有自身特色的数字化档案资源库。此举不仅有利于珍贵历史文化遗产的保护与传承，同时也将为公众提供更为便捷、高效的档案信息服务。在此基础上，档案馆应借助联盟与资源共享体系的支持，与其他馆藏机构展开合作，实现互利共赢。通过共享数字化档案信息资源，各档案馆将避免重复劳动、节省资源，同时扩大各自的馆藏覆盖范围，从而提升数字化档案信息的质量与规模，为公众提供更为全面、精准的档案信息服务。为达成这一目标，档案馆需要遵循一定的策略并付诸实践。应建立共同认可的标准与规范，保证数字化档案信息资源的格式统一、可操作性，实现跨馆检索与共享。应构建一个稳定、高效的共享平台，为不同档案馆之间的信息交流与共享提供技术支持。需要制定一套有效的权益保障机制，确保数字化档案信息资源的合理利用与传承，同时维护各方的权益与知识产权。

（二）馆藏数字化档案信息资源建设的问题

在数字化档案信息资源日益丰富和网络化传播的背景下，公众对数字化档案信息资源的利用日益深化，数字化档案信息资源共享已成为未来的主要趋势。为了提高档案信息资源的利用率，将馆藏档案数字化是可行的途径。然而，当前馆藏数字化档案信息资源建设存在一些问题，需要进行深入的分析和解决。

1. 档案人员专业水平低

一线档案工作人员因未能掌握现代化的档案数字化技术知识和技能，而严重影响了数字化信息档案资源建设的速度。

2. 档案数字化管理不到位

馆藏数字化档案信息资源建设具有至关重要的意义，然而在实际操作中常常出现一系列问题，影响数字化管理的有效性。首先，领导层对数字化档案信息资源建设的关注度不足。由于数字化档案信息资源建设不能在短期内获得经济效益，导致领导层的重视程度相对较低，这在一定程度上限制了馆藏档案的数字化进程。其次，管理工作较为滞后，随着数字化技术的迅速发展，管理者的思想和行动可能还无法适应数字化档案信息资源建设的实际需求，导致出现若干管理漏洞和不足。另外，数字化档案信息资源建设缺乏有效的刚性监督，目前尚未制定硬性的规章制度和监督机制来约束和规范数字化档案信息资源建设工作，导致很多单位并未真正重视并开展这项工作。最后，档案业务部门的检查力度有待提升。由于数字化档案信息资源建设历史较短但发展速度很快，档案业务主管部门未能及时制定相应的管理措施和技术规范，导致在数字化档案信息资源建设过程中缺乏一定的规范性和指导性。

3. 数字化资源建设存在缺陷

馆藏档案的全面数字化转型是一项需要大量资源和复杂工程的挑战，为了满足数字化档案信息资源建设的需要，网站是至关重要的发布平台。然而，由于对数字化档案信息资源建设的认识不够充分，许多档案馆在制定网站建设规划时反应迟缓且措施不足，导致其网站在性能和功能上无法满足数字化档案信息资源建设的严格要求。

为了满足馆藏数字化档案信息资源建设的需要，使用网络版档案管理软件是必要的。但在实际操作中，许多档案馆在选择或自主研发档案管理软件方面存在意见、分歧，导致数字化档案信息化建设进程受到影响。此外，由于档案馆与读者之间缺乏有效的沟通，数字化档案信息资源建设的针对性、适用性、时效性和科学性受到一定制约。同时，由于与读者之间缺乏有效的沟通，数字化成果的有效性也受到一定影响。

（三）馆藏数字化档案信息资源建设的策略

对于档案馆数字化档案信息资源建设过程中所面临的实际问题必须正确面对、积极思考、勇于实践。这需要在深入调查研究和工作实践的基础上摸索其中存在的内在联系和规律，寻找切实可行的解决方案，为顺利做好馆藏数字化档案信息资源建设工作奠定坚实的基础。

1. 加强档案人员队伍建设

馆藏数字化档案信息资源建设的关键在于提升档案管理队伍的素质和能力。因此，档案馆必须严格筛选人才，并加大在岗人员的培训力度。首先，档案馆需要重视引进掌握现代科学知识和操作技能的高校档案专业毕业生来加入档案管理队伍，以确保数字化档案信息工作的顺利进行。此外，针对在岗在编的档案管理人员应进行数字化知识和技能培训，主要包括教授数字化技术、信息管理、网络技术等相关领域的知识和技能，以提升档案管理人员的专业素质和能力。

2. 完善各项管理制度

在馆藏数字化档案信息资源建设过程中，档案馆需要充分认识到管理制度的重要性。为了实现高效的管理并提高数字化档案信息资源的利用价值，必须采取一系列有针对性的措施来确保管理制度的有效实施。

明确职责分工并建立专门的馆藏数字化档案信息资源管理团队是必要的。通过明确各级人员的职责和权限，制定合理的管理流程，确保各项工作得以顺利开展。加强培训和人才引进工作也是至关重要的。档案馆需要定期组织内部培训，参加外部培训以及学术交流活动，以便提高管理团队的专业技能和管理水平。同时，积极引进具备数字化技术、信息管理、网络技术等相关领域知识和技能的高素质人才，为管理团队注入新的活力。制定具体的实施工作方案和监督检查措施也是必不可少的。档案馆需要根据馆藏数字化档案信息资源建设的现状和需求，制定切实可行的实施方案，明确工作目标和时间表。同时，建立有效的监督检查机制，对工作进展情况进行定期检查和评估，以便及时发现问题并采取有效的措施予以解决。建立定效的奖惩机制也是完善管理制度的重要环节。对于在数字化档案信息资源建设工作中表现优秀的员工或团队，应给予相应的奖励和激励措施；而对于未达到预期目标或存在违规行为的员工或团队，则应进行相应的惩戒和纠正，以保持管理工作的严肃性和规范性。这些措施的实施将有助于提高馆藏数字化档案信息资源建设工作的质量和效率。

3. 推进数字化资源建设工作

档案馆的数字化资源建设是当前信息化时代背景下的一种重要发展趋势。为了有效地推进这一工作，档案馆需要关注以下几个方面。第一，筹措足够的资金来购置数字化设备。这些设备包括高分辨率扫描仪、计算机、网络设备等，这些是实现档案资源数字化的必要工具。只有拥有了这些必要的设备才能够将纸质档案快速、高效地转化为数字化格式。第二，建立一个优质的档案网站作为发布平台。档案网站的建设不仅要具备基本的信息发布、查询和利用功能，还要具备良好的用户体验和交互功能，以方便用户进行信息获取和利用。因此，建立一个界面友好、操作简便、功能强大的档案网站是十分必要的。第三，选择适合的档案软件。档案软件是实现档案数字化资源管理的重要工具，它不仅要具备基本的档案分类、整理、查询等功能，还要具备数据挖掘、分析和利用等功能，以更好地满足用户的需求。第四，了解并满足用户需求，采取科学的工作方法和措施。在推进数字化资源建设的过程中要始终以用户需求为导向，注重用户反馈和意见，不断完善和优化工作方法和措施，以确保数字化资源的准确性和完整性，提高用户的满意度。

二、档案信息管理与服务系统建设

（一）优化数字化档案信息服务客观环境

数字档案馆档案信息服务覆盖面广、涉及部门多，它既是电子政务建设的一部分，又是加强服务型政府建设的重要举措，必须从政治、经济、文化、网络环境等多方面来优化档案信息管理与服务的客观环境。

1. 扩大资金支持

数字档案馆的档案信息服务建设与提供需要大量的资金投入，因此，档案部门应当在当前的政治与经济环境下，积极争取党委和政府的政策与资金支持，由政府主导进行统一规划并实施，同时积极获取信息化项目的财政资金援助，大力提升其信息服务能力。此外，档案部门还要树立经济效益观念，适当地追求经济效益。

虽然数字档案馆信息服务是一种公共文化服务，但它也具有经济效益属性，合理的建设、运作、维护可以降低成本、节约开支。对档案信息的深度加工、宣传可以使公众认识到数字档案信息的增值价值，并认可数字档案信息服务的商业属性，从而将档案信息与市场相结合，获取相应的经济效益，进而持续支持数字档案馆的建设与发展。

2. 健全法律法规

当前，数字档案馆信息服务要想实现更长远的发展需要更为健全的法律环境来做保障。

（1）完善相关法律

2020 年 6 月，我国对《中华人民共和国档案法》进行了修订，并于 2021 年 1 月 1 日起施行。但是档案管理与服务、档案信息化建设等工作的相关法律仍存在部分滞后的情况。随着档案工作的快速发展，我国必须进一步完善相关法律，增加制定信息化背景下档案工作的相关规定，使其满足信息化背景下档案工作的需求。

（2）加强著作权保护

数字档案信息服务中的知识产权问题需要引起重视并得到解决。档案部门必须增强自身的知识产权意识，在提供数字档案信息时应当获得著作权人的授权，并制定明确的制度以预防侵权问题的发生。我们需要了解知识产权的重要性以及相关的法律概念，从科学、技术和文化的角度加强档案管理人员的知识产权素养，合理平衡著作权人和使用者的利益，掌握解决著作权纠纷的方法，使档案信息开发工作能够健康、有序和持久地发展。

（3）完善信息立法

应健全我国信息行业相关法律法规的建设，如信息的网络传输、信息的所有权和使用权界定等，为档案信息服务的利用营造健全的法律环境。

（4）加强与法律机构的合作

由于档案部门的专业背景限制，其无法自行解决涉及著作权保护、涉密文件保密等相关法律问题的事件。因此，档案部门应注重加强与司法部门、律师事务所等专门法律机构的沟通，必要时请求专业机构提供法律支援，以确保档案信息服务的合法性及规范性。

3. 提升网络安全保障能力

网络技术的发展对数字档案信息服务产生了深远的影响。一方面，网络技术的进步为数字档案信息服务提供了更多的发展机遇；另一方面，也对其提出了更多的挑战，尤其是网络安全问题。为了有效应对这些挑战，档案部门需要从管理和技术两个角度出发，全面提升防控网络风险的能力。首先，应从管理层面进行优化。档案部门应当成立专门的网络安全工作领导机构，负责制定和实施严格的保障制度。可以通过对工作人员进行网络安全培训，使其了解和掌握网络安全的基本知识和技能。同时，应加强对工作人员的监督和管理，确保他们按照规定的制度和流程进行操作，并及时处理和报告发现的问题。其次，在技术层面，档案部门应配备先进的网络安全设施设备，并采取一系列技术保障措施。例如，可以采用加密技术来保护数字档案信息的安全性和完整性，防止未经授权的访问和篡改。最后，进行数字档案信息的备份也是十分必要的，可以采取异地异质备份的方式，以防止因不可抗力因素导致的信息丢失。

（二）加快推进数字化资源建设

数字档案信息服务的基础是档案信息资源建设，它包括存量数字化、增量电子化和档案信息资源的整合开发两个方面的内容，应加快推进档案的数字化资源建设，提高创新能力，以推动档案信息服务的开展。

1. 丰富馆藏档案信息资源

长期以来，我国档案部门馆藏结构偏向单一，导致社会对档案信息多样化的需求无法得到满足。为改变这一现状，需要构建一个科学且丰富的馆藏档案信息资源体系。首先，应严格执行档案接收进馆的相关规章制度，从而拓宽档案信息资源的门类和范围，增加其广度和深度。其次，采用多样化方式对馆藏档案信息资源进行深度挖掘和加工，不仅要满足公众多样化的需求，还应发挥其对经济发展和社会民生的积极作用。最后，应积极运用数字化、信息化等现代化技术手段提高档案信息资源的利用效率。同时，还应注意保护和传承档案信息资源，确保其真实性和完整性。

2. 加快推进档案数字化进程

我国各地各级档案部门实现档案信息数字化主要依赖于数字化转换与加工，此项工作包括档案馆馆藏档案的数字化处理以及各立档单位自身档案的数字化转换。首先，为确保工作的规范性与高效性，需要制订全面的工作计划，并严格遵守相关规定与标准。同时，应加大投入力度，形成协同合作的良好氛围，共同推进数字化加工工作的开展。其次，针对数字化加工过程，需要严格审查加工单位的资质，制定精细的加工制度和工作流程，全面监控数字化加工过程，以确保档案信息的安全可靠。最后，为确保数字化档案信息的质量，我们需要加强对加工成果的检查，以实现档案资源的“存量数字化，增量电子化”目标。

3. 推动档案信息资源整合共享

数字档案信息资源整合与共享是一项重要的任务，需要各级档案部门和相关单位共同努力，不断探索和创新，持续推进工作的发展。为了实现数字档案信息资源的整合与共享，需从本地和不同行政区域两个层面进行切入。在本地范围，需运用统一的档案管理系统软件并规范数据格式，以构建档案信息资源共享体系及相关制度。此举不仅能提高档案管理的效率和准确性，同时也能为公众提供便捷的查档服务，更好地满足社会对档案信息的查阅需求。在实现数字档案信息资源共享方面，打破地域限制、统一技术标准、建立档案信息资源的远程共享平台和工作体系同样至关重要。不同行政区域之间需要协同合作，共同推进数字档案信息资源的整合与共享。只有通过这样的措施，我们才能更全面地推进数字档案信息资源的整合与共享，提高档案利用的服务水平和社会效益。

（三）完善数字档案馆信息服务管理机制

建立科学合理的数字档案馆信息服务管理体制，应当关注档案工作人员的工作思路，通过改变服务态度、树立新型服务理念、优化知识结构和建立绩效评估模式等方面，不断完善信息服务机制并提升服务水平，以确保数字档案信息服务的品质和社会公众的利益。

1. 树立主动服务的理念

在传统的档案服务模式下，档案工作人员通常处于被动服务状态。然而，随着信息技术的发展和政府公开制度的实施，他们必须进行思想观念的转变，以档案用户的需求为导向，改进服务方式并提升服务水平。首先，档案工作人员需要树立主动服务的理念，将被动转变为主动，为数字档案馆信息服务提供坚实的服务根基。其次，增强与档案用户的联系是他们的最终目标。为了增强与档案用户的情感联系与交流，档案部门应该采用多种方式进行交流：一方面，要开展有效的需求调研，及时掌握档案用户的利用需求，以便更好地满足其需求；另一方面，要建立有效的信息服务反馈机制，通过获取用户的反馈信息查找自身服务的不足之处，进而改善服务方式并提升服务水平。

2. 优化服务人员知识结构

为了应对信息时代的挑战并满足社会公众对档案利用的需求，档案部门必须对档案服务人员的知识结构进行调整和优化。其中，引进信息技术人才、加强对人才知识技能的教育培训以及增加人才间的交流沟通是至关重要的措施。

档案部门应该加大对档案信息化业务的宣传力度，以便让更多的社会公众了解什么是档案信息化，其所带来的好处有哪些，有哪些便利等，从而提高档案的利用水平。针对信息技术方面的人才引进，建议档案部门可以从高校、科研机构等相关单位引进专业人才，并为其提供良好的工作环境和展示能力的平台。为了使档案服务人员更好地适应档案业务工作需要，档案部门应当定期开展培训活动，传授正确的信息技术与知识技能，全面提高员工的业务素质。

在信息时代背景下，档案人才的知识结构和技能需求发生了深刻变革。为了满足数字档案信息服务的特定需求，档案部门必须对人才结构进行必要的调整和优化，并提升服务质量。除了积极引进信息技术人才之外，增进档案人才之间的交流与学习同样具有重要意义。通过加强档案业务人才与信息技术人才之间的交流与合作，双方可以取长补短，共同提高整体服务水平。为达成这一目标，需要采取适当的机制和形式，如定期举办研讨会、经验分享会以及在线论坛等，以便于他们互相学习、共同进步。同时，建立长期稳定的人才引进和应用制度对于档案部门的发展至关重要。为此，不仅需要档案部门的积极努力，也需要政府和社会各界的大力支持。政府可以采取政策扶持、资金投入等有效措施为档案部门提供有力支持，而社会各界则可以通过合作、共建等方式为档案部门提供必要的人才支持。

3. 建立绩效评估模式

为了监督和提升数字档案馆工作人员的服务水平，档案主管部门可以采用绩效评估模式来评价档案工作人员的服务情况。在制定绩效评估方法时，需要充分考虑实际情况，并将档案用户的满意度作为评估的重要指标之一。此外，确保考核评估过程的客观性和稳定性也是必要的，从而使得评估结果具有更高的可信度和有效性。

实施绩效评估模式有助于档案主管部门全面了解档案工作人员的服务表现，进而对表现不佳的人员进行指导和帮助，对表现优秀的人员进行表彰和奖励，进一步激励档案工作人员提高工作积极性和工作质量。

为了确保绩效评估的公正性和客观性，考核指标和评估过程应公开透明，让每一位档案工作人员都了解评估标准和流程。此外，档案主管部门还应广泛收集档案用户的反馈意见和建议，并将其作为绩效评估的重要参考依据。这样可以更好地了解用户需求和市场变化，促进档案工作人员提高服务水平。

第五章　大数据时代档案管理工作的优化

本章主要介绍了大数据时代档案管理工作的优化，主要从以下三个方面进行了叙述：大数据时代档案管理体系的变化、大数据环境下档案信息资源的开发与利用、大数据支撑下的智慧档案馆建设。

第一节　大数据时代档案管理体系的变化

在大数据的浪潮中，各行业均需应对持续涌现且越发复杂的数据挑战，同时也必须适应大数据革命所引发的运作模式的转变。作为国家信息资源的主要责任承担者，我们肩负着重大责任，必须直面大数据时代档案管理带来的挑战和变革，我们需要更新观念、充实数据资源、转变服务模式、解决更复杂的安全问题以及重新定位行政机构。为了更好地适应这些变革，我们需要用动态发展的视角来理解和评估档案的价值，拓展档案工作的领域，提升档案管理的水平，利用先进的技术推动档案管理的转型。

一、档案管理理论体系的变化

在大数据潮流的推动下，随着档案数据量的急速增长和档案服务水平的不断提升以及档案软件平台的广泛应用，档案工作者必须摒弃以往传统的管理观念，重新审视档案的内涵。在纸质档案时代，我们被动地接受了档案信息化的挑战，这催生了新来源观、文件连续体论、宏观鉴定理论等新的档案管理基础理论的出现。然而，大数据时代的到来将再次对档案管理理论产生深远的影响，推动其不断扩展和进步。

（一）大数据观

大数据时代的核心特征在于数据量的急剧增加，其规模之巨大，已超越了传统手段和技术的处理能力。维克托（Viktor）作为大数据时代的杰出代表人物，将大数据定义为一种思维方式的转变，即从随机抽样分析向全面数据处理的转变。

这明确指出了大数据时代的数据处理已不再依赖于局部样本，而是依赖于全部数据的整体信息。大数据的理念是强调所有数据均具有潜在价值。大数据是一个新兴概念，目前社会上对它的认知和理解尚存在一定程度的混乱和误解。

大数据不仅涉及数据量的简单增长，更包括数据产生、传输和处理速度的持续提升以及时间维度带来的数据价值损耗。大数据的时效性要求在更短的时间内进行数据获取、分析和反馈，以便实时应对各种问题和情境。而时间维度则反映了数据的时间价值，即随着时间的推移，数据的重要性逐渐降低。因此，大数据是一个多维度的概念，涵盖了数据量、速度和时间等多个方面。

尽管大数据具有巨大的潜在价值，但并非数据量越多越好。实际上，数据的数量和质量需要相互平衡以获得最佳的决策效果。过多的数据可能会带来处理的复杂和混乱，人们无法从中得出有价值的洞见。同时，数据的质量也至关重要。如果数据存在偏差或不完整，基于这些数据做出的决策可能会导致严重失误。因此，在处理大数据时，需要综合考虑数据的数量和质量，以确定最佳的数据规模。

值得注意的是，大数据的概念不是固定不变的，而是随着人类社会的技术发展和进步不断演变的。新技术的不断涌现导致我们处理的数据规模和复杂程度不断增加，对大数据的理解也日益深入。此外，大数据的定义受到人类思维发展的影响。随着我们对世界的认知和思考方式的改变，对数据的理解和应用方式也在发生变化。例如，传统的商业策略通常基于个人经验或直观判断，但随着大数据应用，单位越来越依赖数据分析和大规模数据处理来制定商业策略。这种思维方式的转变也将进一步推动大数据定义的演进。因此，大数据的定义是动态变化的，反映了人类社会对数据认知的不断深化和利用方式的不断改进。

在档案管理领域，传统档案归档策略通常只关注具有利用价值的信息资料，忽视其他看似不重要的数据。然而，在大数据时代，数据的价值超越其本身的意义，与其在整体数据集中的角色息息相关。单个数据或许没有实际用途，但一旦融入庞大的数据集中，就可能发挥出意想不到的重要作用。树立档案大数据观，要求我们摒弃传统的归档理念，接纳并存储所有可能的信息。即使某些数据看似琐碎，未来某个时刻或在不同情境下也可能变得极具价值。因此，档案管理部门应尽快采取有效措施实现对所有数据的归档和管理。

（二）大档案观

大数据视角强调数据的潜在价值，认为所有数据均具有一定的意义。大档案视角则将有价值的所有数据视为档案，并关注所有档案的利用。档案真实地展现了人类的生产生活，是人类集体智慧的结晶。然而，这些档案仍未被完全搜集，而是分散在社会的各个角落。目前，档案馆和档案室所存放的档案大多数为党政机关处理的公事文件材料，这些文件材料属于国家所有，对于社会公众而言是神圣不可侵犯的。然而，我国许多档案馆的档案中政务文书内容占据了大多数，科技、财务和艺术等领域的内容相对较少。在大数据时代，档案也应与大众贴合得更近，充分反映人们的真实生活。

大档案观的理念可以从两个层面进行深入理解。首先，在档案的归档范围上，我们应该做到更加开放和广泛。具体来说，我们应该逐步实现“所有归档”的理念，即所有具有保存和利用价值的信息记录都应被涵盖，而不仅仅是保存传统的档案材料。在互联网时代，信息数量庞大，如果不在第一时间进行抓取和保存，那些有价值的信息就可能随着时间的推移而难以寻找。因此，我们应该更加关注平民化的稍纵即逝的零碎信息，并将其纳入归档范围。从图书馆学、档案学和情报学的角度来看，大档案观要求我们重新审视档案的定义和范畴。其次，档案不仅仅存在于档案馆里，还与我们的日常生活密切相关。可以说，档案分布在整个网络中，只要在需要时可供检索利用，发挥其应有的价值，那它们就是潜在档案。因此，我们应该将档案视为一种资源，并尽可能地采取现代技术手段来存取、管理和利用这些信息。同时，我们也需要更加注重档案的真实性和可靠性，确保其能够为相关领域提供准确的、有价值的信息支持。

（三）大服务观

大数据的崛起对信息科技领域产生了深远影响，标志着一个新的计算机服务时代的来临。对数据的深度分析和精准概括显示，计算机行业正在经历从单纯技术供应向服务供应的重大转变。这一转变的背后隐藏着对更优质服务的强烈需求，这是信息科技发展的高级阶段。大数据的应用不仅改变了人们的需求，而且使得服务利用的内涵变得更加丰富和复杂。档案用户的需求已不再满足于传统的文件利用，而是追求获取数据背后更深层次的信息和难以察觉的隐性知识。这种转变使得档案用户的需求呈现出更复杂、更全面的特点，同时也突凸出大数据在信息科技领域的重要地位。

在大数据时代，档案服务应该朝着社会化、多元化的方向发展。档案管理重心需要向服务倾斜，这一变化可以从以下几个方面来实现。

首先，传统理念需要向“为民服务”转变。档案服务不仅是为国家和社会保存历史记录，更是要满足人民群众的需求，为他们提供便捷、高效的服务。因此，档案管理部门需要关注民生需求，积极拓展服务领域，创新服务方式，为公众提供更好的档案服务。

其次，档案管理需要由“坐等人上门”向“主动型服务”转变。在传统档案管理模式下，公众需要主动上门查询、利用档案。而在大数据时代，信息技术为档案服务提供了更多可能，档案管理部门可以通过数字化、信息化手段，主动为社会提供形式多样、内容丰富的档案信息。

最后，档案管理需要提供一站式、一条龙服务。在传统档案管理模式下，公众需要奔波于不同的部门和机构之间才能获取所需档案信息。而在大数据时代，档案管理需要整合资源、加强协作，实现跨部门、跨机构的一站式、一条龙服务，减少公众获取档案信息的烦琐程度，提高服务效率和质量。

（四）大平台

各行各业在互联网思维的浪潮中，要寻求创新发展，必须构建平台。这是因为平台具有巨大的信息资源，能吸引用户。并且，用户能成为行业发展的坚强后盾。然而，由于档案数据不断增长，现有的档案管理模式已无法满足大数据时代对信息资源的管理需求。因此，档案管理部门必须改善当前的档案管理状况，建立一个资源丰富、操作方便、服务高效的先进档案数据平台。

档案数据大平台建设涵盖两个方面的内容。

1. 档案数据大平台建设是当今各行各业发展的关键环节

我们需要重点发展基于互联网平台的档案管理系统，以解决横向发展不平衡和纵向深入不够的问题。借助大数据时代的机遇，我们能够完善全国档案管理系统平台建设，实现各地区、各行业的均衡发展。这不仅有助于提高档案管理效率，更有助于满足社会对于档案数据的需求。档案管理部门应积极引入先进技术，提升档案管理系统的互联网平台水平，实现档案数据的全面整合与共享。同时，各地区也需加强合作、优势互补，共同推进档案数据大平台的建设，以推动全国档案管理事业的繁荣发展。

2. 建立行业内部档案管理系统局域网平台势在必行

通过这种方式，我们可以克服信息孤岛和信息流转不畅的问题，实现数据资源的相对集中。这不仅提高了公文处理的效率，更为档案管理工作带来了革命性的改变。在这个平台上，我们可以实现档案数据的电子化，方便用户进行搜索和查阅。此外，这个平台还可以渗透到业务工作的各个环节，使档案管理不再是业务工作的附属品，而是成为业务工作的重要组成部分。档案员可以管理来往文件并预归档，每年各科室办理完毕的文件可以通过内部系统平台汇总，按照机构——问题——保管期限进行归档，通过电脑软件生成归档文件目录，实现电子与纸质档案的一一对应。此外，也可以利用数字化技术对档案进行存储和管理，将纸质档案扫描、转换成数字化档案，方便查找、利用和共享。

二、档案数据资源体系的变化

档案部门的核心优势在于其丰富的馆藏资源，馆藏资源的数量和多样性充分体现了档案部门的价值所在。档案部门若要巩固其社会地位并有效地提供档案利用服务，有赖于其丰富的馆藏资源。进入大数据时代，信息资源的数量急剧增长，从而导致了档案材料数量的迅速增加。当前的问题已经不再是档案信息的匮乏问题，而是面临档案信息泛滥的挑战。档案数据的来源更为广泛，内容趋向丰富多元，采集方式也发生了深刻变化。

（一）档案数据来源扩大

档案馆是负责长期保存党和国家重要档案资料的科学文化事业机构，同时是科学研究机构以及社会各界人士检索和利用档案史料的重要中心。档案资料的主要价值体现在维护和传承党和国家的记忆方面，因此其来源相对有限，主要由机关和企事业单位在经过一定时期的积累后挑选出的一部分资料形成。然而，在大数据时代，档案数据的来源更多倾向网络化、社会化和平民化，其中来自互联网的数据占据了相当大的比例。

档案部门更加关注民生民意，积极响应国家政策，重点收集与老百姓切身利益息息相关的民生档案资料。日常生活中很多与自身密切相关的信息都有可能成为档案数据，如日记、照片、录像、获奖证书、购物发票、就诊记录、行车路线、消费信息等。近年来，国家积极倡导建立家庭档案和个人档案，这使得档案资料的来源更加具有生活化的特点。因此，从这个角度来看，“全民皆档”的概念更有助于拓宽档案数据的来源渠道。

（二）档案数据内容更丰富

对于档案部门而言，信息资源是他们赖以生存的基础，档案材料数量越大、种类越丰富，就越能提升档案部门的价值，巩固他们在社会上的地位。大数据时代的到来已经引起了 IT 行业的巨变，档案部门也受到了大数据的冲击，档案数据的性质也发生了改变。

1. 档案数据数量增大

在大数据时代背景下，档案数据资源总量持续扩大并快速增长，档案馆面临着全面实现存量数字化和增量电子化的挑战。为应对海量的收藏数据，档案馆应落实数据信息化措施，推行“双套归档制”，即在传统纸质档案管理的基础上，加强对电子档案的管理，形成海量的档案馆藏。实行“双套归档制”可以有效地提高档案管理效率，同时更好地服务各项研究和利用需求。当然，在推行这一制度的过程中，还需要注意确保数字化和电子化档案的质量和安全性，保证档案管理工作的规范化、科学化和标准化。

2. 档案数据类型增多

档案馆的馆藏涵盖了纸质、声像、实物、电子档案以及用户信息和浏览查询痕迹等多种类型的数据，这些不同形式的数据共同构成了档案馆的异构数据大集群。随着大数据时代的到来，数据结构发生了更大的变化，未来档案馆藏的主要来源是非结构化数据和半结构化数据。这些数据将构成档案馆藏的重要组成部分，使得馆藏档案种类更加丰富，非结构化数据的比重逐渐增大。因此，档案馆需要适应大数据时代的新要求，积极探索新的数据处理技术和方法，以便更好地收集、整理、保存和利用馆藏档案。同时，还要注重保护用户隐私和数据安全，确保在提供高质量服务的同时维护好用户的信息安全。未来，档案馆将成为更加重要的信息中心和文化遗产保护机构，为科学研究和社会各界提供更加全面、准确、可靠的档案数据服务。

3. 档案数据价值密度降低

档案作为一种珍贵的历史记录，其价值远超一般信息。然而，大部分档案在进入档案馆后便处于闲置状态，很少有人进行查阅。实际上，在馆藏中，利用率高且价值重大的档案是相对稀少的，这些重要的档案在全部库存档案中占比较低。档案的价值密度与其数据总量之间存在负相关关系，也就是说，随着档案数据总量的增加，单个档案的价值密度会相应降低。因此，有些档案可能会长期处于休眠状态，从未得到过利用，它们却占据了馆藏档案中的绝大部分。在大数据时代，随着数据总量的增加，档案数据的整体平均利用率将逐渐降低，有用的档案占比也将随之减少。

4. 档案数据处理速度加快

随着档案信息化建设的发展，档案部门已逐渐告别传统的人工管理方式，转而采用现代化的档案业务流程管理。在大数据时代，档案工作的效率和便捷性需要不断提高，这要求档案人员能够在庞大的数据库中迅速查找到用户所需的信息。

为了满足这些需求，档案部门可以采用大数据和云计算的先进技术来提升档案信息资源的处理速度。这些技术可以迅速、精准地挖掘出有效信息并满足用户需求，提高档案工作的效率。此外，云计算技术还可以提供弹性的计算和存储资源，自动管理和调度资源的分配和释放，提高数据处理效率，同时保证档案数据的可靠性和安全性。总之，在档案管理信息化过程中，大数据和云计算技术的应用可以提高档案工作的效率，提升档案使用的便捷性，使档案部门能够更好地满足用户的需求。

（三）档案数据收集方式多元化

尽管信息资源数量庞大，但若未被采集并整理成档案，则无法发挥档案所具有的权威作用。因此，档案采集是档案业务工作的首要环节。在传统的管理模式下，采集主要依赖于主动移交。各科室会定期将档案材料向综合档案室移交，各单位也会定时向各级国家综合档案馆移交。此外，为了防止档案材料的损坏或丢失，移交时还需准备好详细的档案清单。

1. 档案数据的强制收集

事实上，很多单位都不主动向档案馆移交档案，借故拖延，加上档案法规威慑力弱，档案部门不主动上门要，所以很难及时将档案收集齐全完整。2013 年 2 月 22 日，中华人民共和国监察部、中华人民共和国人力资源和社会保障部、国家档案局令第 30 号《档案管理违法违纪行为处分规定》第四条规定，拒不按照国家规定向指定的国家档案馆移交档案的，对有关责任人员，给予警告或者记过处分；情节较重的，给予记大过或者降级处分；情节严重的，给予撤职处分。① 这个档案法律法规的出台不仅能使各单位更好地配合档案部门做好各项工作，更赋予了档案部门强制执行档案收集移交的权利，为实现档案大数据集中保驾护航。

2. 档案数据的实时捕捉

在大数据时代，互联网信息因其数量庞大、更新迅速、传播广泛的特点，成为档案部门收集档案重要且棘手的领域。及时捕获并归档有价值的信息，是对档案员专业敏锐度和操作灵活性的严峻挑战。由于无法预测何时有价值的信息会出现，档案部门不能再仅依靠传统的“等待信息送上门”的方式进行档案收集。因此，档案部门应采取新的信息收集策略，实时关注网络动态，借助计算机技术和

① 中华人民共和国国家档案局．档案管理违法违纪行为处分规定[EB/OL]．(2013-03-26)[2023-07-20]．https：//www.saac.gov.cn/daj/bmgz/201303/a307894fea8d4d9dabe3392fae47ac83.shtml.

信息技术的力量，充分发挥大数据计算的作用，帮助档案员实时、科学地捕捉网络资源。

三、档案利用服务体系的变化

作为真实的历史记录，档案一直以来都被我们精心维护，其根本目标不仅在于维护党和国家的利益，更是为了进一步向广大人民群众提供服务，满足社会公众对档案的利用需求。在大数据时代背景下，我们的档案服务工作将以客户的个性化、差异化需求为导向，朝着社会化、多元化的方向发展，致力于提供更为人性化、智慧化的服务。因此，档案利用服务在服务对象、服务内容、服务方式和服务目的等方面都将发生一定的变化。

（一）档案服务对象的变化

新形势下，档案服务对象的范围从传统的线下扩展到了线上，这也使得档案服务对象更加多元化。除了传统的实体档案利用者，还增加了网络用户这一新型服务对象。如今的档案服务更加强调的是普遍服务，即为广大人民群众服务。通过档案服务，档案部门致力于推动城市的发展，改善市民生活，加速智慧城市的构建，以及对新农村建设的推动。在这个过程中，我们应始终坚持以人为本的原则，为老百姓提供更贴心、更便捷的服务。在多元化的服务对象面前，档案服务部门更需要不断创新服务模式，优化服务流程，提升服务效率，以更好地满足不同利用者的需求，充分发挥档案的价值和作用。

（二）档案服务内容的变化

传统的档案服务模式过于依赖馆内资源，忽视馆外资源的价值。然而，大数据时代背景下，馆外资源尤其是网络资源的优势在档案服务中得到充分发挥。因此，将馆外资源纳入档案服务范畴是必要的，这样可以充分挖掘和利用这些资源，丰富和扩展档案服务的内涵。例如，利用网络资源建立全面的档案信息检索系统，提供更优质的咨询服务，开展个性化的定制服务。个体行为的洞察也应当被重视起来，通过用户数据的深度分析，精准把握用户的利用需求和习惯，进而实现以满足社会个体诉求为目标的档案大服务。这种服务模式追求的是服务内容的差异化和精细化，通过提供定制化的服务来满足用户的特殊需求，提升用户满意度。同时，建立反馈机制，持续优化服务内容和质量，实现档案服务的可持续发展。

（三）档案服务方式的变化

作为档案服务的实体机构，档案馆在传统上要求用户亲自查询档案。然而，随着大数据时代的到来和网络技术的发展，档案远程服务应运而生。用户可以通过档案网站与档案馆进行联系，档案馆也可以通过在线传输、邮寄等方式为用户提供所需的档案资料。这种档案远程服务模式不仅极大地节省了用户的时间和精力，还提高了档案的利用率和服务的便捷性，因此成为大数据时代下档案服务的一个重要发展方向。在大数据时代，档案馆已经开始提供人性化定制和智能化推送服务。档案工作人员可以通过网络为线上用户提供服务，解答用户的问题和疑虑，深入了解用户的需求趋势和利用偏好。同时，通过智能推送技术，可以将用户可能感兴趣的知识服务精准地推送给他们。这种服务模式不仅提高了服务的效率，也使得每一位用户都能得到个性化的服务体验，大大提高了用户满意度。

（四）档案服务目的的变化

档案服务的核心目标是最大限度地满足用户的信息需求。在大数据时代，用户需要全面了解多层面、多领域、多方向的档案信息，通过筛选和挖掘数据，结合自己的知识储备，将杂乱的信息整理成能够解决问题的方案或方法。因此，大数据时代的档案部门必须转变服务方式，以用户需求为导向，明确档案服务的首要目的，同时要深度理解用户的真实需求，向用户提供精准的档案信息，实现档案信息资源的利用服务和知识服务的双重目标。

四、档案安全保障体系的变化

档案管理工作的核心目标是确保档案安全。随着大数据时代的发展，数据呈现出数量巨大、种类繁多、处理速度快、信息化程度高的特点，这给传统的档案安全保障体系带来了严峻的挑战。同时，档案数据也随时面临着多种威胁，涉及保管条件、应急管理、技术手段的变化以及长期保存、信息安全等方面的挑战。

（一）保管条件的变化

随着档案形态的多样化，档案数据的保管条件变得越来越复杂。传统档案主要为纸质和胶片形式，保管相对简单，只需满足“八防”要求即可确保档案安全无损。然而，随着档案形态从纸质、音像、光盘迅速扩展到电子软硬盘和数码缩微档案，各种形态的档案保管条件和场所各不相同：音像档案需远离磁场环境；光盘档案需防止磨损；电子软硬盘档案需抗震保护。因此，我们需要高度重视并采取有效措施确保各种类型档案数据的安全性和完整性，确保档案馆改扩建工程中基础设施的安全可靠，并购买专门的设备来保护不同种类的档案数据。

（二）应急管理的变化

档案作为关键的信息载体，其安全性与应急管理显得尤为重要。然而，档案面临内外部多种威胁，如自然灾害等突发事件使得档案资源的安全受到严重挑战。此外，在大数据时代，档案应急管理面临着传统管理模式与机制难以完全套用的困境。造成这一局面的原因主要有三个：一是档案种类的多样化，不同种类的档案需要采取不同的管理和应急措施；二是档案数据量的大幅增长给传统的档案管理模式和机制带来了新的挑战；三是档案数据价值的提升使得档案的安全应急管理更加受到重视。

针对不同种类的档案，需要制定个别化的应急预案。首先，对于纸质档案，应制定专门的防灾措施，避免其在紧急状况下可能出现的损坏或遗失。对于电子档案，同样应有独特的应对策略以防电子档案在重大突发事件中损毁或丢失。其次，针对不同种类的档案制定精细化的应急预案，这不仅可以有效应对各种突发事件，而且可以更全面地保护档案的安全。例如，对于纸质档案，应急预案应包括预先准备专门存放场所、严格控制访问权限、定期进行安全检查等各项措施；对于电子档案，应急预案则应包括对数据备份的完整性、加密措施的有效性、终端设备的可用性等进行预先检查等各项措施，不断完善档案应急管理制度，避免出现档案损坏或信息丢失的情况。

（三）技术手段的变化

在大数据时代，面对快速增长的档案数据，传统档案管理方法无法有效应对，因此档案管理开始借助云计算技术进行优化。云计算技术因其规模巨大、可靠性高以及通用性强的优势，在档案管理中发挥节省人力的作用。但是，由于档案部门技术能力有限，缺乏信息技术人才，因此需要借助云计算服务商的专业能力开发出适合档案管理的云计算系统。然而，这种合作模式的安全保障与安全管理依赖于服务商，因此可能存在一些潜在的安全风险。例如，数据的采集、存储、访问以及传输等环节可能存在安全漏洞，使黑客有机会进行攻击。此外，用户访问过程中的越权访问、操纵控制以及数据泄露等情况也可能会对档案安全构成威胁。因此，虽然云计算技术的采用是档案管理未来的必然趋势，但档案部门同时也应明确技术主导与研发的重要性，消除外部因素对档案安全可能产生的影响。

（四）长期保存的挑战

在大数据环境下，档案存储面临的主要挑战包括充足的存储空间需求和长期安全保障。首先，档案的多载体形式要求我们摒弃传统的存储模式，选择具有出色可扩展性的非关系型数据库作为数据存储的基础。然而，尽管这种数据库适用于处理结构复杂、数量增长迅速的数据，但在数据的成熟度和安全性方面相对于传统关系型数据库略显不足，这可能对档案的长期保存构成一定的威胁。各类档案根据其价值大小划分为不同的保管期限，进入档案馆的多数档案属于永久保存档案，因此必须确保它们的绝对安全和长期可用。然而，尽管档案馆在保护纸质档案方面具有一定的经验，但纸质档案仍然可能随着时间的流逝和外部环境的变化出现字迹褪色和纸张脆化等问题。如今，档案的种类和载体各异，且材质差异大，因此长期保存需要投入更多的时间和精力。例如，光盘档案的理论保存年限为二十年，但大多数光盘在实际存放几年后就会遇到无法读取的问题。在大数据时代，电子文件和数字档案的长期保存可能随时面临因载体、格式、计算机技术的滞后以及保存标准规范的不完善等潜在因素带来的威胁。

（五）信息安全的挑战

在大数据时代，信息既是最有价值的事也是最危险的事，档案数据安全问题受到重大挑战。

相较于传统的纸质档案保管方式，大数据时代下的档案数据存储方式和系统复杂性不断提升，因此档案数据丢失的风险也大幅增加。在纸质档案向数字档案转换的过程中，由于技术故障、人为错误或其他不可预见的问题可能会导致档案数据的丢失。此外，数字档案存储过程中的数据丢失也是一个重大问题，如存储设备损坏、软件故障、黑客攻击等都可能造成数据丢失。因此，在大数据环境下，必须采取更加有效的措施来防止档案数据丢失，这包括制定科学有效的备份和恢复策略，加强访问权限管理，定期巡查网络安全等措施，以确保档案数据的可靠性和完整性。

在档案馆的日常工作中，档案工作人员应积极地对各类数据进行收集和分析。这些看似无关联的数据经过特定的处理和解读，便转化为极具价值的档案资料。然而，在进行电脑软件系统的分析操作时，信息可能会无意间遗留在某些终端，并进一步流向网络，其潜在结果是导致信息泄漏。同时，公众的个人隐私发生泄漏可能会给他们的权利、自由及切身利益带来不利影响。

在档案信息安全保障过程中，网络侵权行为和数据的恶意使用构成了重大挑战。在网络侵权方面，大数据时代的公开性和信息流动性使得档案数据面临被不当利用的风险，进而可能会侵害他人的财产和人身权利。在数据的恶意使用方面，开放的数据环境可能会导致数据泄露、系统损坏以及个人隐私侵犯等严重后果。为防止网络侵权和数据的恶意使用，需要从保护数据拥有者的数据、规范数据使用者的行为以及加强相关法律法规的监管三个方面入手，以确保档案信息的安全保障。

五、行政管理体系的变化

（一）行政职能的变化

现阶段我国实行“局馆合一”的体制，随着大数据时代的到来，企事业单位档案数量急剧增长，档案服务中介机构队伍迅速发展壮大，他们承接了大部分的档案业务微观服务，使档案管理从一直围绕“档案实物”的工作中脱身，开始强化自身行政管理职能，将行政职能的重点回归到了对国家机构、社会组织及个人相关档案事务的监督与管理上来。

（二）业务指导的变化

档案行政管理部门的业务工作就是对相关部门、单位、社会组织的档案整理进行专业指导和服务。在大数据时代，档案部门的业务指导工作在内容与形式上发生了变化。

在大数据时代，档案数据的增多，档案类型的改变，使得档案业务指导的内容不再仅仅局限于传统的纸质档案。档案整理不是经过鉴定、装订、上架后就可以了，档案整理与指导的主要对象变成了电子文件的归档，负责业务指导的档案工作者需要通过学习和培训快人一步掌握新类型档案的归档方式，在自己熟悉业务内容的情况下才能对各单位档案整理进行专业指导。

高水平的档案业务指导可以对各单位档案进行科学分类、有效保护，便于档案的合理利用，实现为社会服务的目的。档案业务指导是用专业的视角确保档案的质量，但在档案行政管理部门，尤其是县区一级的档案行政管理基层机构，业务指导等同于“亲力亲为”，这产生了责任不明、不易监督、有失公允等一系列问题，破坏了档案行政管理的权威。面对新形势新任务，档案业务指导要改变事无巨细的帮扶行为，努力从“领导指挥者”“被动劳动者”向“专业服务者”转变，专注于提高业务指导水平，提供优质指导服务，鼓励并规范档案中介机构和社会力量参与档案事务服务。

（三）合作方式的变化

过去的档案行政管理部门主要是对党和政府部门的档案进行管理，党和政府的档案有许多都是需要高度保密的，所以档案局和档案馆总是建在比较隐蔽的地方，不需要与其他部门接触和合作，独门独户、独来独往，轻易不让人发现。现在，一些档案解密了，企事业单位的档案也增多了，大数据环境下倡导数据开放资源共享，档案行政管理部门也不再将档案资源死死抓在手里不放，开始借助社会的力量来开放档案，实现价值。

现代社会档案数据的收集、保存、利用和共享都需要互联网、数据技术公司、信息化工作部门的支持，档案行政管理部门每时每刻都需要和他们打交道，而且他们将成为档案行政管理部门中越来越重要的合作伙伴，起着不可或缺的作用。一旦没有了网络和技术，有再多的档案资源，档案行政管理部门也无法将档案与社会共享。

新形势要求档案行政管理部门应加强档案行政能力建设，把工作重点放在档案事务的管理上，那么档案行政管理部门就不能再在档案业务指导方面紧抓不放。档案行政管理部门不能既是行政管理的主体，又是业务服务的主体，这二者是相互矛盾对立的。所以档案行政管理部门要与档案中介机构、专业机构、社会力量协调合作，鼓励他们参与档案整理服务，规范他们的档案业务指导方式，借他们的力量在不削弱档案行政能力情况下，保证档案业务的高水平指导。

第二节　大数据环境下档案信息资源的开发与利用

一、大数据环境下档案信息资源开发与利用概述

（一）主体

档案馆是档案信息资源开发的主体，其保存着丰富的档案信息资源。综合性档案馆作为一种相对复杂、规模较大的档案馆，相比于其他类型的档案馆具有多方面的优势，如人才和资源相对充足、信息资源更加广泛等，是档案信息资源利

用的中坚力量。在大数据环境下，许多档案馆提供了微信、微博、知乎、豆瓣等媒体服务，还有一些大型档案馆开发了属于自己的手机软件或小程序。然而，服务方式的扩增使所需人力、物力资源也相应增多，超出了档案馆的上限，导致一些档案馆对新方式力不从心，或出现无意义的填充行为，降低了档案信息资源的质量。

（二）客体

对档案信息资源有利用需求的人就是档案信息资源利用的客体。过去对档案信息资源有需求的人多属于相关专业人士或有明确需求的特定人群，但是在大数据环境下，对档案信息资源有需求的人越来越多，有大量的人在利用微信、微博等媒介获取档案信息资源，以满足自身对档案信息资源的利用。与此同时，也有一部分人群对档案信息资源的利用相对固定，这类人群也是档案馆的主要服务对象。对此，档案管理工作者要在大数据环境下沉着冷静地推进档案管理工作，确认好服务对象，明确档案信息资源的客体。

（三）目标

档案信息资源开发与利用的目标是将主体与客体相结合，使档案信息资源供需平衡、相互匹配，从而满足客体的信息需求。但是，在大数据环境下，档案信息资源开发与利用的目标有了新的延伸，即在满足客体需求的前提下，将过程简化，使客体能够更方便、快捷地利用档案信息资源。在如今档案信息资源呈爆炸式增长的背景下，用户想要精准找到能够满足自身需求的档案信息资源是比较困难的。因此档案馆应当充分分析、了解用户的需求，根据用户的需求合理地对档案信息资源进行分类，升级搜索引擎，利用互联网快速、便捷地将用户所需的档案信息资源传递给用户，为用户提供优良的服务体验。

二、大数据环境下档案信息资源开发与利用的特征

在大数据环境下，档案管理工作者应当把握好档案信息资源利用的新特征，从而更好地开展档案管理工作。

（一）空间移动性

移动性指人或物在空间上发生的变化。茆意宏老师指出，在移动信息服务过程中，用户及其携带的终端处于移动状态，常常跨越不同的地区和情境。一方面，

这种移动性为档案信息资源的利用提供了方便，使用户能够在任何时空环境下获得档案信息资源并随时利用；另一方面，这种移动性也为档案信息资源利用工作带来了新的挑战。因为用户所处的环境会随时变化，面临干扰因素的增加，而这种情况对网络环境、信息传输提出了更加严格的要求。

（二）时间碎片化

在现代人快节奏的生活状态下，时间逐渐碎片化，这也为档案管理工作者带来了新的挑战。可以说在大数据环境下，人们对文字的敏感度降低，不再有耐心阅读长篇大论的文章，转而进入了“读图时代”，图像、视频成为人们获取信息和娱乐的主流形式。人们的这种碎片化阅读习惯也影响着档案信息资源的利用。对此，档案管理工作者要在编辑档案信息资源、挖掘档案信息资源、提供档案服务时注重简洁性和娱乐性，以迎合用户的习惯。

（三）用户主导

在大数据时代，人们的表现欲和自我表达的能力都有所提升，而众多的媒体也为人们提供了展现自我的平台，因此人们在挑选服务时更加重视自身的诉求。这就要求档案信息资源的开发与利用要由传统的主体主导转向用户主导，要更加注重采集用户的需求与意见，常常推出档案信息需求的调查问卷活动，并将这项措施深入各类选题、选材、编辑、宣传活动中，使用户与开发者紧密结合，提升资源利用率。

（四）深度增加

大数据环境下档案信息资源的利用从简单的“实物利用”向“知识利用”转变。换言之，在大数据环境下，档案信息资源不仅具有凭证性作用，还具有指导实践、辅助创作、记录历史等知识利用功能，可见档案信息资源的利用深度不断增加。

（五）方式增多

传统档案信息资源的利用主要通过到馆利用、编研成果利用和网站利用几种方式实现。在大数据环境下，档案利用方式和渠道都被拓宽，微信、微博、手机应用等多重社交平台、信息分享平台都为档案信息资源的传播提供了更为广阔的天地，使档案通过这些媒体走近人们的生活。

三、大数据环境下档案信息资源开发与利用策略

（一）明确功能定位

档案机构的定位是指对档案信息资源开发方向的定位，是一项面向潜在利用群体的工作，它指导着档案工作的方向，决定着档案信息资源开发的选题与选材。大数据环境下，各级各类档案机构在网络媒体方面投入了许多资源与精力，为档案信息资源的传播做出了很大努力，通过开通、运营微信公众号、微博，自主研发手机应用等方式为档案服务拓宽了渠道。然而，在选题、选材等方面仍旧存在缺乏互联网适应性的问题。

因此，档案机构要明确档案的服务对象和主要服务对象的定位问题。在大数据环境下，档案利用的专业门槛降低，用户群体范围不断扩大，但主要的利用群体仍旧是对档案信息资源有刚性需求的群体，这些人是档案工作的主要服务对象，其余利用群体是次要服务对象。档案机构的档案利用登记表积累了许多档案使用者的数据，利用大数据技术可以从这些用户中获取许多相关信息，对这些信息数据进行分析，可以分析出使用者的特征，预测推理出主要群体的广泛需求，科学合理地进行档案选题，最大限度地为主要对象提供优质服务。

（二）设计服务内容

第一，在大数据和移动互联网环境下，档案信息资源的开发与利用必须体现出档案信息的资源优势。档案相较于其他信息具有高度可靠性，因此档案信息的真实性是我们的优势。

第二，开发对用户有价值的信息。档案机构可以通过数据调查统计将开发内容的决定权交给利用者，如可以在微博上展开类似“你最需要的档案”的讨论，调查利用者需要的内容。

第三，发布有趣的内容。人们总是对有趣的事更感兴趣，档案机构可以开发那些大多数人都感兴趣的档案信息。

第四，推出“民生档案”。它们与我们息息相关，许多“老城记忆”类的档案信息不仅阅读量高还会引发许多民众参与互动。

第五，发布反映热点的内容。紧跟社会热点不仅会吸引利用者的目光，而且会增加利用者转发的可能性，增强用户推广欲望。

（三）加强传播方式顶层设计

当前，档案机构有了很多的传播渠道，微信公众号、微博、知乎等多样的媒

体形式为档案管理工作的推进作出了巨大贡献。然而，档案机构的资源并不十分丰富，众多服务导致档案馆力不从心，结果事倍功半。大数据时代，人们接收信息和收集信息的方式都有所改变，因此档案机构要将各种传播渠道有效利用起来，形成传播矩阵，搭配档案信息利用服务为用户提供更为精准有效的服务。此外，档案机构要加强传播的顶层设计和整体规划，整合传播渠道和媒介，避免传播资源的浪费，加强传播优势，推进档案资源开发和利用工作的开展。

（四）优化档案信息资源编辑

在这个追求身心愉悦的时代，人们对美的追求有所提升，符合美学规律的编辑设计是档案信息资源开发与利用的重要组成部分。大数据时代有着浩瀚的档案信息资源，且每时每刻都在增多，精美的编辑设计能够吸引人们的注意力，打开更广阔的市场，更有利于档案信息资源的有效利用。

档案信息资源本身的内容固然十分重要，但是大数据时代的到来使人们对信息资源的需求和摄取更倾向于碎片化，进入了对图形、音像更加敏感的时代。因此，对信息数据表现形式的探索变得十分重要。处于读图时代的人们相比于纯粹的文字，更加青睐表现直观的图像，而比起直观的图像，人们又会更青睐于生动的短视频。因此，档案机构可以借助微信公众号、微博等官方媒体发布以视频、图像等趣味性形式为主的档案资源信息和相关推广信息，让档案信息服务更符合用户的利用习惯。档案机构要捕捉大数据时代人们接收信息的习惯和喜好，通过更有吸引力的编辑形式和信息内容来吸引更多的人关注和使用档案信息。

第三节　大数据支撑下的智慧档案馆建设

一、智慧档案馆概述

（一）智慧档案馆的概念

档案馆“是党和国家的科学文化事业机构，是永久保管档案的基地，是科学研究和各方面利用档案史料的中心”。[①] 因此，智慧档案馆的概念首先不能脱离档案馆的总体定义。从管理对象来看，智慧档案馆所管理的依旧是国家、社会和人

---

① 冯惠玲，张辑哲．档案学概论[M]．北京：中国人民大学出版社，2001.

类重要的活动记录；从职能来看，智慧档案馆仍然需要收集档案、管理档案、提供档案利用、传播档案文化、推进档案事业发展。

因此，智慧档案馆本质上是从属于档案馆概念大类的，仍然满足档案馆定义及其相关内容。但不同的是智慧档案馆身上还具备了“智慧”的相关特征。因此，智慧档案馆的概念还应从其“智慧”的角度来考量，即智慧档案馆通过云计算、物联网等多种综合技术手段，具备感知、存储、联通、辨别、分析、决策、创造等多种功能，拥有独立管理和运作的能力和模式，进而对整个国家、社会和人类的档案（及补充材料）进行保存、管理和提供利用的开放式档案馆。

实际上，智慧档案馆与传统意义上的档案馆并无本质区别，它仍遵从于档案馆的一切性质、基本职责和具体任务。因此，智慧档案馆也承担着对整个国家、社会和人类的档案（及补充材料）进行保存、管理和提供利用的职责和任务，但不同的是智慧档案馆是一个“开放式档案馆”，它的开放之处在于以下三点。

一是技术开放。当前学者对于智慧档案馆的技术认知集中于物联网和云计算两者之上。但事实上，智慧档案馆中“智慧”的实现不仅仅也不可能只局限于这两项技术之上，而是一切可以使之“智慧”的技术手段的集合。这样的集合中不仅应包括物联网或云计算这样的新兴技术，还应包括先前已应用于档案馆中的技术以及尚未被开发的未来技术。换句话说，只要是可以使档案馆智慧化的技术手段，大多能为己所用，并不是说只有运用了物联网、云计算的档案馆才能是智慧档案馆。

二是资源开放。智慧档案馆可以打破传统意义上馆际之间的数据围栏，甚至是消除档案馆与国家其他部门之间的数据鸿沟。此外，资源开放同时意味着公开、分享档案的权限开放。随着“档案记忆观”的兴起，人们越来越多地意识到档案馆不能仅保存自上而下的声音，还应更多重视自下而上的反馈声音。而这些自下而上的声音中，最真实的也许是公民自己手中的档案。随着公民档案意识的不断增强，人们更愿意与他人分享自己手中珍贵的档案。这就意味着，档案部门难以还原历史全貌的部分将由公民自主完成。在某种意义上讲，每个公民都是历史的亲历者，都是档案的生产人。

三是可持续发展模式。这是智慧档案馆中最重要的开放之处。智慧档案馆的智慧产生新的信息供档案管理人员和档案利用者所用。这样的模式可实现档案馆在档案信息方面的可持续发展，如同智慧人类吸取着方方面面的信息和知识，再创造出新知识一样。再有，传统的档案部门是收集固定档案资源的部门（每个档案馆都有自己固定的接受范围），而智慧档案馆对公民权限的开放意味着档案馆成了更全面记录国家、社会和人类原始记录的宝库。来自公民的资源之多且源源不断，使得档案馆资源宝库能够实现可持续发展。

（二）智慧档案馆的特征

智慧档案馆的五个核心特征包括深度感知、立体互联、无线泛在、可持续发展及以人为本，这些特征基于物联网和云计算等技术来实现，同时也受到其他特性的影响，反映了各个特性之间的相互作用和影响。

1. 深度感知

在“智慧”的定义中，我们可以看到感知功能排到了首位，感知是档案馆工作拟人化的首要特征，如杨来青等所说，感知是智慧管理第一要求。[①]

档案馆的感知机制囊括了多元化的信息来源，包括实体档案的内在属性、管理人员和利用者的动态交互以及档案馆的建筑设计等方面。这种感知系统在档案馆中呈现出全面且深入的观察能力，能有效获取馆内各角落的多元化信息，集成并整合了碎片信息，实现了智慧化的整合与链接，从而实现更全面地利用档案信息。

作为国家最重要的社会原始记录保存机构，档案馆承担着维护历史真实面貌的重任，同时需要满足社会主义现代化建设和长远历史需求。因此，档案馆必须拓宽视野，摒弃以自我为中心的思维方式，对社会信息进行全面感知。除了对馆内工作进行全面了解外，档案馆还需充分了解全社会的发展需求，实现档案工作者与档案、档案利用者与档案、档案与档案、档案与馆、馆与馆、馆与社会之间的全面深度互动。

2. 立体互联

为了充分挖掘智慧档案馆的潜力，我们需要进一步实现信息的全面深度感知与网络化优化。在此背景下，我们提出一种全方位、多层次的互联互通方案，涉及档案馆内部、档案馆之间以及档案馆与社会其他部门的互联互通。

在实体空间中，互联互通表现为档案与档案、部门与部门、楼层与楼层、机器与机器以及库房与库房之间的连接。例如，档案馆应利用先进的技术实现档案之间的有机联系与深度互动，同时还应促进不同部门之间的协同工作。此外，档案馆还应借助楼宇智能化技术，实现楼层与楼层、机器与机器之间的互联互通。

在虚拟环境中，互联互通表现为档案人员与使用者之间的紧密联系、人机交互以及互联网、广播电视网和电信网的融合。例如，通过人机交互技术，档案人

---

① 杨来青，徐明君，邹杰．档案馆未来发展的新前景：智慧档案馆 [J]. 中国档案，2013 (2)：69.

员能够为使用者提供更为个性化的服务。同时，通过互联网、广播电视网和电信网的融合，档案馆能够拓宽服务范围并提升服务质量。此外，档案馆还应注重运用互联网＋技术实现与社会其他部门的互联互通。

从本质上来看，各主体（如档案馆、档案工作者、使用者以及社会其他部门）之间的立体互联是信息共享的体现。实现立体互联不仅有助于提高档案实体、档案信息以及档案管理的一体化程度，还有助于实现档案馆之间的协同共享。

3．无线泛在

在消除信息壁垒和孤岛后，智慧档案馆通过全面互联和协同共享，形成了档案服务的无线泛在环境。

智慧档案馆利用互联网、广播电视网或电信网等渠道将馆内外信息和互联互通所获得的信息提供给档案利用者，形成了无时、无处、无人不能利用档案和档案信息的无线泛在模式，实现了档案利用功能在利用渠道和角度上的全方位覆盖。这种泛在性不仅意味着档案馆或档案人员可随时随地为档案利用者提供帮助，而且档案利用工作也可随时随地满足利用者的需求。

由于档案利用者的需求千差万别，对档案的了解程度也各不相同，一部分利用者可以独立完成对档案的利用，另一部分则需要依赖档案工作人员的协助。这就要求智慧档案馆的无线泛在不仅要将复杂多样的档案利用工作简化为几个简单可行的方案，还要具备和满足个性化的互动功能，切实帮助利用者有效利用档案。

4．可持续发展

智慧档案馆是一种采用先进技术改变传统管理模式，以创新的方式提升档案工作效率和服务质量的机构。它运用开放的模式，让公民能够共享档案权限，并引入自主互动的服务和管理模式，为社会各界人士参与档案工作提供了广阔的平台。智慧档案馆的开放模式不仅拓展了社会对档案工作的了解和重视，还强化了公众对档案工作的监督。这种模式充分体现了开放创新、大众创新、协同创新的理念，展现了智慧档案馆在管理模式和技术应用上的开放性和包容性。

凭借独特的感知特性，智慧档案馆可以实时感知档案信息、人员以及整体运营状况，这与国家提倡的绿色、环保和安全运营的可持续发展理念相符。同时，智慧档案馆打破了传统档案馆之间的信息壁垒，为社会服务提供了更广阔的视野。这种创新技术能够充分实现档案信息的再生价值，通过信息的融合为社会和公众提供更为优质的档案服务。通过全面深度感知和网络优化，智慧档案馆正引领档案行业走向更为智能化、网络化的未来。

5. 以人为本

智慧档案馆的“智慧”源于智慧城市的概念，这一概念在参照智慧城市总体建设的框架下进行逐步探索和发展。因此，智慧档案馆应当具备与智慧城市相同的某些显著特征。

智慧城市是以人为本的城市。其核心是运用创新科技手段服务于广大城市居民。城市的各项工作要立足于满足群众工作和生活的需要，让人民群众生活得更方便、更舒心、更幸福，这是城市管理工作的基本立足点。[①] 从这段话可以看出，无论是运用怎样先进的科学技术，或是城市内各部门间怎样协同合作，智慧城市的根本立足点都是为了让人们生活得更便捷、更舒适，可见智慧城市的本质落脚在人的身上，体现的是以人为本的特征。

此外，智慧档案馆要以人为本。上述的所有特征都以档案管理者和档案利用者为主要考虑对象。智慧档案馆的深度感知特性能够实时监测档案实体或档案内容的变化，使档案工作人员无需亲自查看就能掌握每一卷档案的动态信息。这在一定程度上减轻了档案工作者的工作负担，使他们能够将更多的精力投入更有价值的工作中，从而提高了工作效率。

立体互联和无线泛在的特点给档案利用者提供了极大的便利。馆际互联平台的构建打破了隔阂，使档案利用者能够更加轻松地查找档案，同时，无线泛在模式使得档案利用者可以足不出户就能访问所需的档案信息。可持续发展特性从更高、更远的视角考虑，将档案馆转变为一个绿色、环保、可持续发展的机构，这体现了更高层次的以人为本的设计理念。

总结来说，智慧档案馆的五个特征之间存在一种层层递进和相互促进的关系。深度感知作为基础，立体互联作为其进一步发展，这两者都源于技术的支持。而这两者又是感知互联的基础，推动智慧档案馆向更为智能化和高效化的方向发展。无线泛在则是最终的目标，因为无论档案馆的模式如何变革，其主要目标始终是更为便利地管理和利用。此外，可持续发展是档案工作、档案事业的最终目标，作为一个开放式档案馆发展的新模式，以及作为国家长期、重要的职能部门所追求的发展方向，这是我们的最高目标。最后，上述五个特征都围绕智慧档案馆以人为本的理念进行设计和实践，此理念在我们的理论建设和实践发展中起到了核心的指导作用。从馆内具体技术的选择、软件的编制、管理系统的应用到档案馆的总体规划、发展和建设，都不能违背以人为本的原则。

① 骆小平．“智慧城市”的内涵论析[J]. 城市管理与科技，2010，12（6）：36.

二、智慧档案馆建设的技术支撑

（一）自动识别技术

自动识别技术主要用于数据采集及输入，它通过配置特定的识别设备来自动捕获待识别的物体以及与之相关的各类信息，并通过网络系统将这些信息自动传输至数据处理终端以供进一步利用。信息技术的不断发展进步，促使识别技术逐步应用于声像识别、光学字符识别、生物识别，以及磁卡、条形码技术和射频识别（RFID）技术等方面。此外，由于人们对档案管理的要求不断提高，传统档案管理方式已无法满足社会发展需要，因此智慧档案应运而生，并逐渐成为新时期档案管理的发展趋势之一。

在当前阶段，智慧档案馆主要采用了射频识别技术、二维码识别技术、传感器技术以及多种先进的声像记录技术。其中，射频识别技术在档案管理中有着广泛的运用空间。例如，射频识别技术能够根据档案馆的特定需求应用于实体档案的识别和保护，以及人员身份的确认等。运用互联网和射频识别技术，档案管理人员能够准确地感知和了解实体档案的具体位置和管理状态。在传感器技术和声像记录技术的支撑下，智慧档案馆已经发展成为一个智能化的感知系统，该系统能够实时感知档案馆的建筑结构、档案实体、各类设备、环境的温湿度、档案工作人员以及档案使用者等多个方面，具备自动操作和自动协同工作的能力，能够将馆藏档案中的所有信息以数字化形式保存下来。此外，该系统能够自动地记录和收集档案工作人员的各种行为信息以及用户对档案的使用情况，从而为智慧档案馆的数据分析功能提供了宝贵的运行数据。

（二）物联网及移动互联网

物联网通过传感器和互联网将实际物体连接在一起，其可以实现物品在网络上的智能识别和定位、自动追踪、信息交互等功能，从而增强了人们对任何实体存在物的远程监控能力，并拓宽了人们的感知范围。如果将自动识别技术定义为“输入”，那么物联网则可以被定义为“连接”。物联网是在计算机互联网基础上发展起来的一项新兴信息技术，它使人类社会进入一个崭新时代——“万物互联”时代。移动互联网代表了移动通信与互联网技术的深度结合，它是将互联网所带来的技术、平台、应用和商业策略与移动通信技术相融合，进而应用于日常生活和生产活动中。智慧档案馆体现了档案馆的组织结构、馆内工作人员以及档案馆信息之间的高度互联，是一种独特的档案馆运营模式。智慧档案馆的核心目标在于以服务为中心，构建一个能够支持业务创新、提升服务质量、优化工作流程、降低运营成本、增强竞争力的数字化档案馆体系。

随着物联网和移动互联网的发展，人、物、组织和环境之间的信息交流变得可行，这也成为智慧档案馆建设中最关键的技术支撑之一。智慧档案馆是一个由感知层、网络层、应用层组成的开放复杂巨系统，具有开放性、交互性、实时性等特征。在智慧档案馆中，档案上贴有射频识别技术标签，运用物联网技术，智慧档案馆实现了档案实体之间的网络连接，从而解决了档案实体与档案管理系统之间无法连接的问题，使得实体档案的检索和管理变得更为智能。

移动互联网作为新一代信息技术，其强大的功能为智慧档案馆的建立提供了技术支持。目前，移动互联网在智慧档案馆的应用主要集中在两个核心领域。首先，通过配合物联网技术，使用移动互联网终端来实现对智慧档案馆内的档案、馆库以及人员的全面监控和管理。其次，充分利用移动互联网作为第五大媒体，进一步拓展档案馆的服务模式，确保档案馆能与大众进行即时的沟通和反馈，从而持续优化档案馆的服务品质。

（三）大数据与云计算

大数据与云计算技术在数据的收集和处理方面起到了核心作用，它们可以被看作智慧档案馆中各个对象紧密连接后对生成数据的深入分析和实际应用。大数据的出现给档案管理工作带来了极大挑战，也为档案信息化建设提供了契机。随着信息技术和互联网在人类日常生活和生产中的不断深化，人类社会已经步入了大数据的新纪元。大数据技术的真正价值并不在于其庞大的数据量，而是在于它能够基于相关数据来进行深入的分析和预测。从档案馆的组织结构来看，与档案有关的大数据不仅涵盖了以数据为基础的档案信息，还包括了与档案管理相关的各种数据化信息。智慧档案馆的主要任务是搜集和利用这些数据信息，并对档案资源进行深入的数据分析，从中挖掘出更有价值的档案知识。例如，以档案为中心，对档案馆的建筑结构、设备设施、环境条件、工作人员、组织结构以及业务运营等方面产生的各种数据进行深入分析，有助于提升档案馆的管理决策和未来预测，从而进一步提高档案馆的整体管理效能。

云计算的核心是在线，也就是网络处理。如今，各式各样的云计算服务已经在实际操作中得到了应用。智慧档案馆构成了一个高度复杂的系统，其不仅包括基于数据的档案，还涵盖了更多利用识别技术收集的各类实时监控、运行数据。这些庞大的数据依赖于云计算的实时存储和计算功能，以实现智慧档案馆在特定范围内与多个对象的联动，从而更有效地表现智慧档案馆的多功能性和灵活性。

（四）可视化技术

可视化通常意味着数据被转化为图形形式，这有助于用户更深入地理解和分析这些数据，同时，可以利用人机交互界面实现人与数据驱动、物体之间的交流。随着数据化进程的加速，数据可视化技术逐渐崭露头角，各类软件和工具也在不断地进行研发和实施中。在智慧档案馆建设方面，“输入”“连接”“应用”三个主要环节构成了一个完整的体系。在上述的“输入”“连接”及“应用”环节中，可视化技术是不可或缺的组成部分，它为智慧档案馆的稳定运行提供了关键的支撑。通过对档案馆各类信息进行可视化呈现和深入分析，档案馆的工作人员可以更有效地获取和识别与档案馆运行相关的信息，与档案馆的日常运行建立有效的沟通和互动，从而实现档案馆的智慧运营。目前，基于数字媒体的智慧档案馆逐渐得到了推广和普及。如果智能密集架能够在软件和触摸屏上呈现一个模拟的架构，那么档案管理人员就可以在不进入档案库房的情况下，清楚地了解库房内的档案和架构信息。此外，利用 3D 可视化技术，智慧档案馆有能力提供更为形象和生动的档案展示服务，从而进一步推动档案信息服务的进步。

总结来说，在当前阶段，随着我国档案馆现代化、档案信息化发展的不断深化，智慧档案馆这一概念已经形成。从目前来看，智慧档案馆是一种全新的概念和模式，它不仅体现在信息技术应用层面，还表现为对社会文化生活的影响程度方面。在实际操作中，我国的各个级别和类型的档案馆或档案管理部门已经开始根据自己的实际需求，逐渐探索智慧档案馆建设的可能性。智慧档案馆不仅拥有多种类型和数量的智能档案馆管理系统，还配备了先进的智能档案馆管理设备和设施，同时也采纳了一种面向档案馆整体管理的智能化转型策略。智慧档案馆在一定程度上依赖于识别、连接、处理及可视化技术，把它们作为其关键支持和推动力。

三、我国智慧档案馆建设现状

在过去的几年中，我国许多地方的档案馆都经历了翻新或新建。其中有很多档案馆通过借助集成智能技术，朝着更为现代和智能化的方向前进。

（一）我国档案馆和档案管理的现代化进程加快

近年来，我国各地各级档案部门积极推动数字化转型升级，在推进传统业务工作向信息化转变方面取得了显著成绩。以青岛市档案馆、宿迁经济技术开发区档案馆、张家港档案馆、太仓市档案馆和珠海市档案馆为例，它们主要致力于档案馆和档案管理流程的智慧化建设，摒弃了传统的以人为中心的管理模式，旨在提高档案馆管理的现代化程度。早在 2013 年，青岛市档案馆就启动了智慧化实践的深入探索，其基于“信息化 +”的理念，将智慧管理技术应用于档案馆的日常工作中，并朝着档案馆的信息化方向持续深化。青岛市档案馆主要致力于对电子文档业务的数据存储、实体档案的智能管理和服务、档案馆的整体管理，以及对全市档案业务的监管流程和模式进行智慧化改革。此外，张家港档案馆已经构建了一个智慧化的档案馆管理系统，旨在使档案馆的空间环境管理更加智慧化；运用射频识别（RFID）技术，能够智慧化地管理馆内的档案等资料。宿迁经济技术开发区的档案馆运用智能密集架技术确保了架体的智慧化运作。太仓市档案馆的新馆引入了集中式的门禁控制系统和全方位的立体监控等系统，以提升馆库管理的智慧化水平。珠海市档案馆在其馆库建设过程中，也融入了众多的先进技术，这增强了库房与档案管理员之间的互动，有效解决了档案使用中的“跑断腿”问题。

此外，不同行业的档案管理部门也在积极探索如何使档案馆更加智慧化。电力单位的智慧档案馆是在电力企业管理改革的大环境中提出的。随着社会信息化程度的不断加深，电力体制改革不断深入，电力企业面临新形势、新任务。电力公司正在寻求将其管理模式和信息平台进行统一，以实现向更加协同、集中和高效的企业管理模式转型。因此，建立一个能够支持业务处理及流程重组、数据集成共享并提供服务支撑的智慧档案馆已成为电力事业信息化发展的必然趋势。国家电网有限公司智慧档案馆的建设计划是分阶段进行的，其包括为馆库配备先进的智能设备和机器人，以及对电子文件管理系统、数字档案系统和档案管理系统这三大系统进行优化和整合，目标是构建一个集档案管理和各单位档案工作于一体的网络化、自动化、智能化和现代化的智慧型数字档案馆。江苏核电有限公司借鉴了先进的仓储物流管理方法，在原有的移动平台上实现了基于条形码和二维码的案卷上下架功能，同时也实现了与企业内管理系统的联动。华为技术有限公司专门为与财务相关的实体档案开发了一套基于智能文档处理系统的自动化设备，这不仅显著提升了工作效率，还节约了大量人力，充分展现了科技在档案管理智能化方面的推动作用。

（二）满足了文档集成管理的可持续发展需求

以丽水市档案局、阳泉矿区智慧档案馆、福建省档案局、广东省国土资源档案馆和浙江智慧档案馆为例，它们的档案智慧化建设主要集中在电子文件和电子档案的集成管理平台上。丽水市档案局推出的“1+10+N”智慧档案协同管理系统在国内首次创新并投入实际应用，该系统在信息共享网络上构建了基于资源聚合的“智慧档案云”，实现了对市、县、乡镇各级机关档案室的文书电子档案、政务服务网、行政审批电子档案的在线归档和共享。阳泉矿区智慧档案馆通过整合个人身份验证系统和电子档案查询系统，成功实现了档案的自助查询功能。福建省档案局成功建设了福建省电子文件与电子档案数据接收系统、福建省证照数据电文（电子证照）共享服务系统，从而实现了档案的在线接收和归档以及部分电子档案信息资源的共享。广东省国土资源档案馆依托其丰富的馆藏资源，建设了广东省国土资源核心数据库和系统服务平台，以实现对国土资源档案信息群的高效集成管理和服务。

浙江智慧档案馆致力于为电子政务提供服务，其推出的政务服务网行政审批电子文件统一管理平台确保了对电子档案的在线收集、存储和查询；浙江档案服务网进行了智慧化的升级，与各个市区的档案馆网站建立了连接，真正体现了跨区域连接所带来的便捷。此外，在众多行业的档案管理部门中，中国移动广东公司的档案部门紧紧围绕着企业发展的“集中化、标准化、信息化”目标，充分利用无线城市带来的信息技术优势，成功设计并实施了“五全”实时智慧档案管理系统（FiRSt–AMS），这一系统是对文档从数字化生成到管理的全数字转变，覆盖公司所有业务环节，能为公司运营提供完整系统的支持，确保公司内部和跨区域公司之间实现全面覆盖，同时具备自定义服务、智能搜索和自动分析功能的“全智能”服务，由此荣获了国家档案局颁发的优秀科技成果奖中的企业类项目第一名。

（三）进一步提高了档案馆的服务质量

杭州政务云平台和上海市档案局馆主要针对民生档案进行智慧化的建设工作。杭州政务云平台是基于全市的档案信息资源来构建的，它为民众提供了跨图书馆的档案查阅及档案公开等服务。上海市档案局馆智慧档案馆所提供的核心服务包括实施“本地检索、跨馆出证、馆社联动、全市通办”等民生档案远程协作服务机制。云南省档案馆把三个关于少数民族档案的主题数据库融合在一个统一的系统中，以提供智慧化的服务。四川省档案局推出了一个三维可视化的省级爱国主义基地网络交互平台，旨在为智慧档案馆的档案服务创新模式指明方向。清华大学在2017年成为首家推出基于数字签名技术的电子成绩单可信归档解决方案的学校，试图将面向毕业生的服务模式改革作为教育行业创新的重要突破点。

四、智慧档案馆建设的问题与策略

（一）智慧档案馆建设的问题

1. 人才引进问题

智慧城市背景下的智慧档案馆与许多先进的技术融为一体，这就要求新时代的档案工作人员需要对高新技术、网络环境等有较深的理解，因而有必要转变工作人员传统的档案管理业务模式，更新观念，追上时代的步伐。同时，智慧档案馆的转型升级需要引进大量熟知计算机、物联网、网络构成、协同管理的人才。

2. 群众参与度低

智慧档案馆的建设为档案、档案工作更好地服务于人民群众提供了新的出路，但就现实而言，公众的参与度并没有期望中那么高。群众认知度低、参与度低造成智慧档案馆建设尚未达到目的，尚未实现提供个性化、高效服务的目标。

3. 地域差别较大

目前，由于实际情况不同，各地对智慧档案馆的建设探索仍然是各行其是，尚未形成系统化管理和宏观把握的格局。虽然智慧档案馆的建设已取得一定的成效，但大范围的推广建设仍不现实。

4. 投入成本过高

智慧档案馆的建设需要大量的人力、物力以及资金的投入，这不仅包括馆藏档案要通过数字化扫描，还需要利用光学字符识别（OCR）、文字识别等技术对档案信息深入分割处理，以达到能够进行数据挖掘的目的。再者，数据收集、处理、安全防护等各种平台的建立及传感、射频和其他设备的购入都需要雄厚的资金作为保障。除此之外，人员配备、工作人员培训都需要一定的费用。档案部门档案信息开发受限，这在一定程度上阻碍了智慧档案馆的建设步伐。

5. 缺乏整体规划和政策规范

由于智慧档案馆的建设正处于初级阶段，对于许多概念、技术等的研究仍不够透彻，而且各地档案馆建设都处于探索阶段，仍不成熟，所以对于实现系统功能要求、控制文件对象的程度、聚合档案资源的范围和智慧档案馆管理运作的规章流程仍不明确。智慧档案馆建设缺乏长期性、权威性、指导性的政策体系，各个地方各自为政。智慧档案馆建设虽然取得了一定的成效，但是也存在着盲目建设的现象。

除此之外，还有许多不可忽视的问题，如目前档案学相关领域学者对于档案馆的研究仍集中于智慧档案馆的概念，智慧档案馆与数字档案馆的关系，智慧档案馆的技术、服务等基础领域，对于智慧档案馆建设的研究还不够深入。档案部门对于智慧档案馆的建设也仍处于探索阶段，缺乏相关的法律规范、资金、技术设备等的支持。智慧档案馆的建设大都处在初期规划阶段，实践优势并未显现。

（二）智慧档案馆建设的策略

智慧档案馆是档案信息化发展的必然产物，但我们应该认识到智慧档案馆的建设并非是使一朝一夕能完成的。这项长远的规划和长期的事业需要档案界人士共同积极探索和研究，推动智慧档案馆的建设，发现问题、解决问题，以获得有益的经验和理论支持。

1. 强化理论与政策认知

虽然国内外已经有很多城市进行了智慧档案馆探索，但是如今，仍没有出现完善的有关智慧档案馆的标准规范。诚然，在当今社会的条件下，信息技术、社会需求不断变化，智慧档案馆的模式不再一成不变，智慧档案馆的建设仍然需要一定的标准和规范的指导，通过确定一定的标准准确找到档案馆转型的切入点，通过云计算构建智慧档案馆的数据处理平台，通过大数据对数据进行挖掘、存储和分析，通过物联网感知馆内环境，通过移动互联网提供基于用户自身需要的服务，推动智慧城市的建设与发展。

2. 加强整体规划

整体规划就是在一定区域内，根据确定的要求所做的总体安排和布局。智慧档案馆的建设也要有整体的规划、安排和布局，包括找准智慧档案馆的定位、明确档案馆功能、确定档案馆构架等。智慧档案馆整体规划的构建要从当地实际情况出发，针对本单位的馆藏档案信息、设备情况、人员配备、资金支持、技术状况考察构建智慧档案馆的方向以及可能面对的问题，同时配合其他地方档案馆建设的经验方法灵活应用，做好整体规划。

3. 构建合作机制与平台

目前，各地数字档案馆、数字图书馆等都有了一定的发展，为智慧档案馆的发展提供了很好的借鉴。数字图书馆及数字档案馆在海量信息收集、存储，数据挖掘，信息检索、查询方面为智慧档案馆打下了良好的基础。我们可以通过学习已有经验补充存在的漏洞，实现智慧档案馆健康发展，也为以后的图情档一体化打下坚实的基础。

4. 人员观念更新和转变

智慧档案馆的建设需要引进大量的物联网、计算机技术人才，也需要对原有的档案工作者进行培训，进行观念的更新与转变。这不仅包括从纸质环境下的管理理念向电子环境下、智能管理环境下的管理理念转变，也包括从孤立封闭的保守观念向合作开放的共享观念转变。我们要通过人员观念的转变，改善档案工作者的思维方式、工作方式，推动智慧档案馆的转型升级。同时，我们要注重对群众档案意识的培养，通过及时的政策普及、服务升级与宣传，让群众了解智慧档案馆，参与到智慧档案馆所提供的智能化、个性化服务中去，让智慧档案馆服务于民。

随着信息时代的来临，智慧地球、智慧城市的理念相继出现，进而推动着档案馆优化升级，向智慧档案馆转变。这是继传统档案馆向数字档案馆发展之后出现的又一新趋势。

智慧档案馆是档案信息化发展的必然产物，是档案馆的高级形态。虽然智慧档案馆的研究仍处于初级阶段，智慧档案馆的建设也处于探索阶段，并不算很完善，但这不能成为我们停滞不前的借口。如今我们更应该进一步探讨智慧档案馆的概念、技术、体系构架等，形成完善、成熟的理论，用理论指导实践，进而取得智慧档案馆建设的新成就。

在今后很长一段时间里，智慧档案馆都应是我们关注的重点。因此，对于档案部门来说，要进一步探讨智慧档案馆相关理论，积极引进人才，培训工作人员，强化建设智慧档案馆提供智能服务的意识，通过统一部署，形成区域内智慧档案馆集群。同时要以人为本，以用户的需求为首要遵循标准，积极对海量信息进行收集、整理、挖掘、管理，提供高质量服务、智能服务，早日实现本地区智慧档案馆的建成。

参考文献

[1] 周杰，李笃，张森．文书工作与档案管理 [M]. 延吉：延边大学出版社，2021.

[2] 杨玲花．现代档案管理工作与保存策略研究 [M]. 北京：中国纺织出版社有限公司，2021.

[3] 胡燕，王芹，徐继铭．文书档案管理基础 [M]. 上海：上海世界图书出版公司，2018.

[4] 高海涛，李艳，宋夏南．档案管理与资源开发利用 [M]. 北京：北京日报出版社，2018.

[5] 许秀．高校档案管理与信息化建设研究 [M]. 哈尔滨：哈尔滨工业大学出版社，2019.

[6] 吴良勤，付琼芝．信息工作与档案管理 [M]. 2 版．武汉：华中科技大学出版社，2017.

[7] 杨红．档案管理理论与实务 [M]. 上海：上海教育出版社，2016.

[8] 杨学锋．现代化档案管理与服务研究 [M]. 北京：中国商务出版社，2018.

[9] 李东红．新时代背景下的档案管理与创新 [M]. 北京：经济日报出版社，2017.

[10] 刘亚静．档案管理信息化与自动化探索 [M]. 天津：天津科学技术出版社，2018.

[11] 王晓燕．新形势下价格认定档案管理初探 [J]. 陕西档案，2023（4）：58–59.

[12] 王媛．“互联网 +”档案创新服务发展策略与方法研究 [J]. 大陆桥视野，2023（5）：64–66.

[13] 马国英．信息时代档案工作意识与能力的创新研究 [J]. 兰台内外,2023（14）：82–84.

[14] 刘璇．基于大数据的事业单位档案管理策略 [J]. 网络安全和信息化，2023（5）：8–11.

[15] 白丛丛 ."互联网 +" 时代背景下，事业单位档案管理信息化建设策略研究 [J]. 兰台内外，2023（10）：19–21.
[16] 钱坤，杨菲 . 刍议信息时代高校档案信息化建设策略 [J]. 兰台内外，2023（9）：6–8.
[17] 刘清 . 基于文档一体化的高校档案信息化管理策略 [J]. 兰台内外，2023（9）：73–74.
[18] 庞素霞 . 加强事业单位档案管理信息化建设的方法策略 [J]. 文化产业，2023（8）：10–12.
[19] 侯俊丽 . 大数据技术在档案管理中的应用探讨 [J]. 科技资讯，2023，21（6）：27–30.
[20] 盛磊 . 数字化档案馆网络安全策略研究 [J]. 办公自动化，2023，28（6）：52–54.
[21] 谢丽雅 . 智慧城市建设中的城建档案管理研究 [D]. 武汉：华中师范大学，2019.
[22] 王昀 . 知识管理背景下企业档案管理模式研究 [D]. 哈尔滨：黑龙江大学，2020.
[23] 徐文敏 . 泰安市档案管理改进对策研究 [D]. 泰安：山东农业大学，2022.
[24] 王玉蓉 . 电子档案管理业务流程重组研究 [D]. 湘潭：湘潭大学，2021.
[25] 许臻 . 高校电子档案管理影响因素研究 [D]. 南京：南京大学，2021.
[26] 包双梅 . 我国档案管理体制改革的理论、路径与逻辑 [D]. 南昌：南昌大学，2021.
[27] 秦高锋 . 数字化档案管理系统的设计与实现 [D]. 西宁：青海师范大学，2021.
[28] 姜磊 . 智慧城市背景下青岛市城建档案管理和应用问题研究 [D]. 青岛：山东科技大学，2019.
[29] 祝云柳 ."大档案观"下的"准档案"管理实践与档案馆职能拓展研究 [D]. 苏州：苏州大学，2020.
[30] 田美霞 . 新时代我国档案管理体制改革研究 [D]. 武汉：湖北大学，2020.